KB143449

내가 똥?
내가 밥!

만남1
환경사회학자
이소영

내가 똥?
내가 밥!

가슴 설레는
사회학의 출현

작은길

나는 지금 국제 무대에서 조율되는 각종 환경 정책, 협정, 의정서 등이 수렴되는 과정을 염탐해 보겠다고 일본 가나가와 현에 있는 국제환경전략연구소IGES에서 일하고 있다. 이곳으로 오기 전에는 한국의 대학에서 환경사회학을 연구하고 강의했다.

대학을 졸업하고는 사회학의 대가 앤서니 기든스가 당시 총장으로 있다는 이유만으로 런던 정치경제대학교LSE로 튀었다. 그것이 역마살의 시작이었던지 그후로는 아프리카 케냐에도 가고 영국 섬 여기저기도 누비며 살았다.

케냐 나이로비에는 유엔 일을 돕는다는 핑계를 대며 갔는데, 원주민들과 어울려 돌아다니며 현지 생활을 체험하다 배운 것이 더 많았다. 그러다 운 좋게도 지금은 고인이 되신 이태석 신부님을 뵙고 신부님이 해 주시는 한마디 말에 가슴 뛰는 경험도 했다.

스코틀랜드에 있는 핀드혼 공동체에서 지낸 몇 달은 영성을 고민해 볼 좋은 시간이었고, 슈마허 대학에서는 '에콜로지'ecology에 대해 체계적으로 배우고 체험할 수 있었다. 초대하지도 않은 유럽생태마을네트워크 총회에 달려가서는 한국 대표를 자청하기도 했다.

8년 만에 한국으로 돌아온 것이 2007년, 그때부터 5년 동안은 학술지에 생태 담론과 실천에 대한 연구를 발표하고, 학생들에게 환경사회학을 강의하고, 환경단체 회원들에게 생태 마을을 소개하고, 여기저기 삐딱한 글들을 기고하면서 살았다.

요컨대, 기껏해야 나는 서울 하늘 아래서 말과 글로 떠들어대며 연명하는 처지이고, 또 내가 살고 있는 방식이 다른 사람들과 그리 다르지도 않다는 이야기이다. 그런데 그런 나에게 2012년 작은길 대표가 생태를 주제로 책을 써 보라는 제안을 했다. 그것은 선뜻 받아들이기 어려웠다. 내 주변에는 아주 거창하게 들리는 '삶의 변혁'을 담담하게 일상처럼 살고 있는 분들이 많기에, 부족한 내가 책을 쓰는 일이 부끄럽기도 했다. 더군다나 청소년을 위한 책이라니……

한편 그 제안은 당시 불혹을 앞둔 내가 문득 나를 낯설게 돌아볼 수 있는 계기를 만들어 주었다. 나를 책으로 쓴다? 나에 대해, 내가 살아온 이력에 대해? 이처럼 창창한 나이에 무얼 얘기할 수 있겠다고! 고명한 학자도 아니고, 내로라하는 유명인사도 아닌 내가……, 언감생심인 일이 분명하다.

그럼에도 '사람-책'은 자서전이 아닌 방식으로 내가 책이 되는 것이다. 그렇다면 나의 어떤 점이 책으로 될 만할까? 나는 무얼 하는 사람인가? 딸아이와 그 또래 친구들이 내가 하는 일에 대해 묻는다면 나는 어떻게 이야기해 줄 수 있을까?

가장 먼저 떠오르는 장면이 있다. 바깥세상을 떠돌다가 우리나라로 돌아왔을 때 나를 반겨 준 것은 주변 사람들의 온갖 잔소리였다. 어디서 잘못 배워 와서는 열나는 아이에게 해열제도 안 먹인다고 혀 차는 부모님부터, 임신 7개월까지 자전거 타고 다니는 엄마 때문에 배 속 아이만 고생했겠다는 선배까지.

나는 운전면허도 없고 차도 없다. 그 흔한 냉장고를, 텔레비전을 사 본 적도 없다. 운전면허는 나 말고도 운전할 사람이 많으니 굳이 얻어야 할 필요성을 못 느꼈고. 해서 당연히 차도 없다.

냉장고와 텔레비전은 2007년 한국에 들어왔을 때 전셋집에 버려져 있던(?) 중고를 썼다. 냉장고는 모터 소리가 요란해서 그렇지 그럭저럭 쓸 만했고, 리모컨이 고장 난 지 오래인 브라운관 텔레비전은 디지털로 전환한다는 정부 정책 때문에 인버터를 달든지 새것으로 바꾸라는 자막이 화면의 절반을 차지해서 보기 불편했을 뿐이다. 가구는 내가 어릴 때부터 쓰던 옷장과 밥상, 책상 겸용으로 쓰는 상, 책장 정도가 있다. 딸내미는 내가 꼬마 때 쓰던 침대에 흰 페인트칠을 해 주었더니 새것인 양 썼다.

가전제품은 쓰고 나면 곧장 전기 코드를 뽑고, 기저귀나 생리대는 상황에 따라 일회용을 쓰기도 하지만, 되도록 천을 써서 나의 신체 변화를 가족에게 알리는 효과까지 누린다. 필요한 물건은 심사숙고해서 사는데, 결국 고민하는 과정에서 불필요하다는 걸 깨닫는다. 종이 두 번 갈아 16년째 쓰고 있는 합죽선이 에어컨을 대신하고, 그만큼 오래된 내 단벌은 엉덩이 부분이 낡아 이번에 덧댔다.

사는 모양새를 대충 읊고 보니 좀 구질구질한 것 같기도 하다. 그런데 생각보다 그렇게 불편하지 않고, 또 그리 초라하지도 않다. 가구가 없으니 코딱지만 한 집이지만 넓게 썼다. 천을 덧댄 옷, 감물 염색한 천으로 지은 옷을 입고 학생들 앞에서 강의하거나 외부 회의에 참석할 때, 사회를 맡거나 토론을 할 때면 그 독특함에 국내외 인사들에게 인사도 많이 듣는다. 어떻게 저렇게 살아가나 싶은지 내 말에 더 귀를 기울인다. 생각이 여기까지 이르자 조금은 내 얘기를 해 볼 자신감이 생기는 듯도 했다.

또 다른 한편에서는 염려스러운 마음을 감출 수 없었다. 지난 5년 남짓 내가 한국에서 강의하고 집필하며 주장해 온 것들, 그것이 이 책의 내용이 될 텐데, 그 대부분이 이제는 서울을 위시해 전국에서 다양한 형태로 실천되고 있다. 과거에 투쟁만을 주장하던 많은 시민단체들도 이제는 생태적 삶을 호소하는 소리에 귀 기울이고 있다. 우리 시대에 상상으로만 존재할 듯했던 '에코토피아'가 바야흐로 틈새에서 싹을 틔운 것이다.

해서 고민 끝에 나는 때를 한참 놓친 이 이야기들을 출판해서 뒷북쳐 댈 이유가 없을 듯하다고 작은길 대표에게 말했다. 그랬더니 그는 전문가의 잣대로 시효적절성을 판단하지 말라고 했다. 같은 얘기라도 누가 하느냐에 따라 다른 얘기가 된다며. 그러고는 '휴먼북' 개념을 꺼냈다. 그러자 그동안 휴먼북 행사가 열릴 때면 환경실천가로 초대받아 학생들과 이야기 나누던 때가 떠올랐다. 학생들은 나를 자기들 나름대로 읽어 대고 줄 치고 질문하곤 했다. 왜 그렇게 피곤하게 사느냐는 학생들의 공통된 질문에, 당신이 더 피곤해 보인다 하며 함께 웃던 때, 유난히 신이 났던 그 시절이 눈에 선했다. 결국 나는 생태 책을 쓰기로 마음먹었다.

얼마 전, 그 예뻤던 학생들 중 한 명이 이메일 한 통을 보내 왔다. 내가 일본으로 오고 나서 그전 학교 메일 계정을 더 이상 쓰지 않을 것이라 판단하고, 아는 도메인이란 도메인은 다 시도해서 보냈다는 메일이다. 사회학도로서, 인간으로서 도대체 어떻게 살아야 할지 모르겠다는 근본적인 질문을 했다. 얼마나 오랫동안 고민했고 또 얼마나 답답해하고 있을지 안다. 바로 옆에서 손잡아 줄 수 없어서 안타까웠다.

물론 내게도 답은 없다. 오히려 그 친구가 보낸 메일 안에, "가고자 하는 길을 멀찌감치에서 헤쳐 나가는 걸 보면서 항상 자극을 얻고 힘을 얻습니다."라는 말, "저 멀리 앞에서 고민하며 우뚝 버티고 서 있는 사람이 있다는 것만으로도 힘이 됩니다."라는 말이 도리어 내게 큰 힘을 줬다. 그 친구 외에도 비슷한 고민을 하고 있는 우리 모두와 함께, 대체 어떻게 잘 버티기를 해 나갈지 나누어 봐야겠다. 나누어 주어 내게 큰 힘이 되었으니까.

2016년 4월
이소영

3장 사람(人) "어리석은 자들의 세기"

제 이야기 한번 시작해 보렵니다

자본주의, 사회주의, 공산주의 같은 이데올로기보다 더 강력한 힘을 발휘하는 소비주의 시대를 살면서 오히려 나는 '검소'라는 사치를 부린다. 무엇이 나를 이렇게 만들었을까.

어린 시절 내가 살던 곳은 전라도를 빨갱이들이 사는 곳이라고 주입하는 곳이었다. 편파적 교육을 시킨 어른들이 야속했던 만큼 더 많이 보고 더 많이 듣고 싶었다. 보면 볼수록 알면 알수록 더 보고 싶고 더 알고 싶었다. 더 부딪치고 더 깨지고 싶었다. 무지막지하게 주입당한 경험 덕분에 이제는 보이는 대로, 들리는 대로, 곧이곧대로 흡수하지 않게 되었다. 돌려 보고, 뒤집어 보고, 속을 보고, 맥락과 배경을 고심한다.

물론 처음부터 쉽지는 않았다. 내가 다닌 고등학교에서는 1990년대 초부터 '푸른 평화 운동'과 '우리 밀 살리기 운동'을 펼쳤다. 우유 팩을 씻고 펴서 말려, 수거 차량을 불러야 하는 수고를 마다하지 않으며 폐지를 분리해 보냈고, 그 씻은 물은 화단에다 뿌려 주었다. 초코파이가 선물로 들어오면 이 불량식품을 어떻게 처리하나 고민하다 슈퍼에 환불을 요청했다. 청량음료 대신 미숫가루를 들고 와서 우유에 타서 먹자던 선생님들까지 있었다.

그런 고등학교에서 학생회장으로 열심히 활동하던 사람이 서울에 유학 와서 받은 문화적 충격은 적지 않았다. 신입생 환영회라는 이름 아래 밤새 술을 푸던 선배들이 내놓은 것은 일회용 종이컵, 일회용 젓가락, 즉석 북엇국까지 일회용 천지였다. 선배들이 어떤 일을 저지르고 있는지 당최 인식하지 못한다고 생각돼, 다음 날 아침 그들에게 큰소리를 한번 쳤다.

그 사건 때문에 과대표까지 되어 쭈뼛쭈뼛 엉키게 된 대학 학생회. 기대가 컸기에 실망이 컸다고 할 수도 있겠지만, 그들은 지독히도 구시대적이며 비민주적이고 권위적이었다. 차라리 전국에서도 명성이 자자한 골수 보수집단인 고향 사람들은 평생 한쪽만, 하나만 보고 살았으니 편협할 수밖에 없겠다는 연민마저 느끼게 되었다. 다양한 사상에 열려 있어야 한다며 정의와 진리를 주장하면서도 실제로는 자신들의 주장만 옳다는 선배들의 앞뒤 안 맞음에 오히려 배신감이 느껴졌다. 그래서 운동권 선배들의 투쟁 덕분에 이만큼 민주화되었다는 말이 당시에는 독재정권 덕분에 굶어 죽지 않고 이만큼 먹고살게 되었다는 촌부들의 말씀만큼이나 지루하고 진부하게 느껴졌다.

때마침 '우루과이라운드'가 타결되었고, 지금의 한미 자유무역협정(FTA) 체결 때만큼이나 강한 저항이 전국 곳곳에서 일어났다. 전라도청 앞에서 농민 시위가 있던 날, 나는 길놀이를 뛰었다. 현장에서 장구 메고 뛰면, 내 심장도 덩달아 행복하게 뛰던 때였다. 그런데 안타까운 사건이 벌어졌다. 그것도 고생이라고 자식 걱정하느라 고향에서 부모님이 라면 상자를 보내 주셨는데, 우리의 풍물패 사부님은 그것을 그대로 쓰레기통에 처박았다.

수입 밀가루로 만든 라면에 대한 거부의 몸짓, 그 상징성을 따지자면 백번 옳지만 이건 차원이 달라 보였다. 매우 일반적 사고를 가진 평범한 부모가 뭘 알았겠으며, 또 그 무안을 오롯이 받아내야 했던 우리들의 수치심은 어쩔 것인지. 분노를 표출하는 방법이 조금 더 설득력을 가질 수는 없었을까. 한 수만 보지 말고 몇 수 더 볼 수 있었으면 얼마나 좋았을까. 근원적으로 추구하고자 하는 것이 결국 무엇인가.

민주화를 외치나 민주적이지 않고, 약자의 아픔을 대변하고자 하지만 전체를 보거나 아우르는 품이 좁았던 젊은 선배들 덕분에 나는 학생회를 떠나 사상, 노동, 불평등의 문제를 넘어서는 그 무언가를 찾아 헤매게 되었다.

멀리는 못 가고 그나마 익숙한 환경단체에서 일손을 보탰다. 회원들에게 보낼 회보지의 발송봉투에 풀칠을 하며, 지금은 환경문제에 대해 무관심한 분위기지만 앞으로는 모두가 진정으로 관심을 가져야 할 사회문제가 환경문제다. 그것을 해결해 나가는 데 내가 한몫, 아니 큰 몫을 하고 싶었다. 어린 대학생으로서 자부심을 느꼈으나 얼마 못 가 그곳에서 또 삐딱한 생각을 하게 되었다.

환경운동가들이 자신들의 모든 에너지를 쏟아 정부 정책에 반대하고 투쟁하면서, 왜 기존의 제도를 바꾸기 위해 그들의 일상적 삶에서는 변화를 실천하지 못하는 것일까. 실천이 지속될 때 비로소 우리가 꿈꾸는 더 큰 변화가 가능하지 않을까. 날마다 계속되는 회의 때문에 집에 있는 아이에게는 자장면을 시켜 먹어라 하고, 어른들은 집회 준비로 바빠 컵라면으로 끼니를 때우는 모습. 이 얼마나 친환경과는 거리가 먼 모습인가. 물론 시민단체 활동가들이 너무도 큰 자기희생을 감수하면서 조금 더 나은 세상을 만들어 보겠다고 애쓰는 것에 대해서는 모두가 깊이 감사해야 한다. 다만 그들이 주장하는 대로 그들도 살고 있지 못해 스스로 괴로워하는 것을 보며 나도 가슴이 아팠다.

나는 대학에서 동양철학을 공부하고 싶었지만, 취업이 잘되는 전공을 선택해야 한다는 어른들의 강권으로 경제·경영을 전공했다. 졸업 때가 다가오자 학과 조교가 나에게 모 은행의 추천 입사원서를 건넸다. 지금 생각하면 참 고마운 마음 씀씀이였는데 그때는 그 상황이 굉장히 불쾌했다. 그 조교가 내 존재를 곡해했다고 생각했던 것이다.

억울한 마음에, 새롭게 태어나겠다는 의미로 머리부터 밀었다. 지금 생각하면 그 행동은 순전히 객기에서 비롯된 것이었다. 당시에는 배움이 짧은 것인지, 노력이 부족한 것인지, 형체를 알 수도 없고 그래서 손으로 잡을 수도 없는 어떤 틀에 붙들려 옥죄임을 당하는 것 같아 숨이 막혔다. 그 틀은 좀체 깨질 기미도 보이지 않았다. 그때는 그랬다.

이제 막 40대가 된 내가 살아온 날들을 주절주절 늘어놓는 이유는 나 이렇게 살았다고 나 자신의 경험들을 내세우고자 함이 절대 아니다. 누구나 정도의 차이만 있을 뿐, 다들 특별하며 귀한 삶들을 살아간다. 훨씬 더 다채롭고 아프고 깊은 개개인의 경험들은 모두 책 한 권을 채우고도 넘칠 것이다.

다만 나 스스로 더 부딪치고 깨지고자 한 까닭은, 사람들이 스스로 자신을 돌보고, 생명이 생명답기 위해 일하고, 이웃과 자연과 함께 의지하며 살아가는 삶이 아니라, 오히려 이를 외면하고 무엇을 위해 살아가는지조차 알 수 없도록 만드는 현실과 그 근본적 이유를 객관적으로 인식하기 위해서였다. 누가 알아보라고 시켜서가 아니라 그 해결책을 나 스스로 찾고 싶었다.

이제는 내 가족이나 고향, 우리 사회의 정치 구조 때문에 본의 아니게 형성된 내 관점이 틀렸음을 인정하고 생산적으로 부정하는 것조차 넘는다. 세상 돌아가는 이치라고 내세우던 그 왜곡된 틀조차 역사적 의미가 있으며 복잡한 정치적 사회적 과정과 담론 생산 메커니즘을 통해 출현했던 것이었음을, 비록 용납할 수 없는 틀일지라도 이해는 하고 그 속에 있는 주체와 사회에 대해 의미 있는 판단을 내리고자 애쓴다. 하여 본디 생명 그 자체에 대한 이해만이 우리가, 지구가, 우주가 존재하는 까닭임을 알고자 한다.

알고 싶어서, 배우고 싶어서 부딪치고 깨지며 얻은 서구에서의 경험을 두 팔 벌려 사대하지 않도록 주의할 것이다. 동시에 우리의 경험이 그것보다 낫다는 또 다른 편견에도 빠지지 않도록 중심과 균형을 잡으려 애쓸 것이다. 꿈같아 상상만 하는 에코토피아가 결국은 갑작스레 불현듯 다가올 것이니 이 새로운 형태의 사회를 맞이하기 위해 한 사람 한 사람이 스스로 깨우치고 준비해야 함을 차근차근 조심스레 풀어 볼 것이다.

이 책의 틀을 이루는 '자연', '사상', '사회'는 슈마허 대학에서 주최하는 '소일, 소울, 소사이어티 대회'Soil, Soul, Society Conference에서 아이디어를 얻은 것이다. 대안 대학의 본보기 구실을 하고 있는 슈마허 대학은 영국 데번 주 토트네스에 있으며, 대안 경제를 주장한 프리드리히 슈마허(1911~1977)의 뜻에 따라 다양한 시도를 하고 있는 곳이다. 학교가 있는 토트네스에는 역성장De-growth 운동의 사례인 전환 마을Transition Town이 꾸려지고 있는데, 그 한가운데서 슈마허 대학이 한몫을 한다.

대안 경제, 역성장, 전환 마을 등에 대해서는 차차 살펴볼 터이니, 여기서는 '소일, 소울, 소사이어티'라는 대회 이름에 주목해 보자. 낮설지 않을 것이다. 소일Soil은 땅을, 소울Soul은 하늘을, 소사이어티 Society는 사람을 의미한다. 우리말로는 천지인天地人, 삼재三才다. 하늘과 땅과 인간이 하나이고 우주 그 자체이며 서로 조화와 통일을 이룰 때 진정한 존재가 된다는 우리의 전통 사상이다.

철저하게 근대 서구의 논리로 재편된 사회에 적응한 우리에게 동양의 개념과 사상은 서양의 그것보다 오히려 낯설다. 그렇긴 하지만 교과서에서 익힌 기본기만으로도 충분하다. 익숙한 영어로든 낯선 우리의 사상으로든 슈마허 대학에서 개최하는 대회의 이름으로나, 천지인 삼재가 주장하는 것은 하늘과 땅과 인간은 본디 경계가 없고 함께 우주를 이룬다는 뜻이다. 이제 곧 본론에서 살펴볼 내용이기도 하다.

본론에서는 에너지, 자원, 담론, 의식과 행동, 정의, 운동, 정치 등 다양한 환경 관련 주제들을 다룬다. 이들 대부분은 내가 고려대학교에서 환경사회학 강의를 맡아 이야기한 것들과, 같은 시기 연세대학교 이신행 명예교수님이 운영하는 대안 대학에서 실천환경론 수업 때 강의한 내용이다. 책 순서도 강의 순서와 비슷하게 짰다. 필요에 따라 보충자료로 활용했던 원고나 계간지 『살림이야기』에 썼던 글도 수정·보완해 함께 실었다. 또한 '사람-책'으로서 '사람'을 보여주기 위해 대부분 내용은 생태의식이 형성된 과정과 이를 통해 사회 변화의 필요성을 인식한 내 경험을 토대로 썼다.

먼저 소일soil, 즉 땅 부분에서는 지금 이 땅에서 일어나고 있는 환경문제와 실제 현장을 살필 것이다. 소울soul, 즉 사상과 철학 부분에서는 동서양의 다양한 생태담론에 대해 이야기할 것이다. 이를 바탕으로 소사이어티society, 즉 사람들의 삶과 관련된 부분에서는 환경·생태·생명과 맞닿은 우리 사회의 여러 사회문제들에 대해 고민하고 대안 또는 전환 과정을 살펴볼 것이다.

사회학자는 개개인의 의식이나 일상생활의 변화보다 사회구조나 체제 변혁에 더 큰 관심을 가져야 한다고들 말한다. 이 말은 후자가 전자보다 중요하며 언제나 우선한다는 뜻은 아닐 것이다. 성찰된 시민의식과 그들의 실천이 체제를 전환하는 씨앗이라고 믿기에, 나는 거시적 안목과 더불어 생생한 삶의 결도 놓치지 않는 눈으로 체험과 실천에 방점을 둔 이야기를 더 많이 할 것이다.

1장

땅(地)
"그 많던 싱아는
누가 다 먹었나"

조율

2012학년도 1학기 환경사회학 수업에 120명이 수강 신청을 했다.(이 책을 쓰기로 한 것이 2012년이었다. 그리고 그다음 해에도 환경사회학 강의는 개설되었다. 2013년 강의에도 또다시 학과에서 정한 대형 강의 최대 인원인 120명을 넘었으니 한 학기에만 반짝하는 관심은 아니었다는 사실에 자축한다.) 많은 친구들이 환경사회학에 관심을 가져준 것은 참으로 고마운 일이다. 하지만 내가 진행하는 환경사회학은 대형 강의를 하기 어려운 면이 있다. 비록 강의의 반은 이론이나 맥락을 짚어 주기 위해 내가 진행하지만, 나머지 반은 학생들이 자율적으로 주제와 사례를 선정해 수업을 이끌기 때문이다.

환경사회학은 현장을 보지 않고 책과 자료로만 공부하게 되면

탁상공론을 벗어날 수가 없다는 것이 내 생각이다. 물론 모든 사회학 공부가 그럴 것이고 또 모든 사회과학이 그럴 것이다. 그럼에도 특히 환경사회학 공부는 현장을 반드시 보고 현장을 느끼고 와야 된다는 것이 내 고집이다. 헌데 100명이 넘어 버리는 대형 강의가 되면 강의를 듣겠다고 온 학생들도 나도 참 곤란하다. 이 많은 친구들을 무슨 수로 자율적 현장학습을 경험하게 할 것인가.

이제는 한국에도 꽤 알려진 핀드혼 마을에서 먹고산 적이 있다. 핀드혼 마을은 1962년 자연과 함께 살고자 하는 이들이 모여 만든 작은 마을이다. 거주민들이 자유롭게 아침마다 자기가 원하는 종류의 명상을 할 수 있는 작은 사원이 여럿 있고, 마을을 걷다 보면 명상에 관한 책과 향, 초, 지역 유기농산물을 파는 가게가 있다. 그 근처에는 단열을 위해 잔디를 씌운 지붕을 비롯해 에너지 효율을 중시하는 독특한 건축물이 있다. 자연친화적인 하수 처리를 위한 '리빙머신'에, 저 멀리 풍력발전기가 돌아가는 곳, 차로 10분쯤 거리에 지역 호텔을 고쳐 만든 핀드혼 교육기관까지. 바로 스코틀랜드 북쪽에 자리 잡은 핀드혼 마을의 풍경이다.

맹목적으로 물질을 향해 내달리는 삶보다 영성적인, 정신적으로 충만한 삶을 살아 보고자 여러 가지 방법을 시도해 왔다. 만물은 서로 연결되어 있기에 우리가 살고 있는 이 땅, 자연, 지구에게 되도록 해를 적게 끼치며 살아가고자 애써 온 핀드혼 마을 사람들이 있다.

핀드혼 마을공동체는 피터, 에일린 부부와 친구 도로시에 의해 시작되었다. 이들은 명상을 통해 내면의 소리와 자연의 소리를 듣고 그에 따라 살고자 했다. 얼마 지나지 않아 신기한 일이 벌어졌다. 농사일에 전혀 경험이 없는 사람이 황무지에서 키운 것으로 믿기지 않는 거대한 양배추를 수확한 것이었다. 이 양배추가 영국 국영방송BBC를 통해 방송되었다. 그러자 보도를 보고 전 세계에서 수백 명에 이르는 사람들이 찾아왔다. 그러던 것이 지금까지도 해마다 수천 명의 방문객이 줄을 잇고 있다.

이후 자연과 함께 명상하고 유기농작물을 키우며 시작된 핀드혼은 이제 그렇게 살아가려는 사람을 키우는 교육센터 몫까지 해내고 있다. 세계적인 명성을 갖게 된 핀드혼에는 현재 약 500명가량이 살고 있다. 마을에 들어서면 지역에서 생산된 자재 또는 재활용 자재를 활용해 지은 독특한 생태 건축물들이 시선을 사로잡는다. 자체 에너지를 생산하는 풍력발전기는 기본이다. 유럽 최초로 생태적 하수시설인 리빙머신도 설치했다. 이 하수시설은 자연 물탱크 12개로 이뤄져 있다. 각 물탱크에는 하수를 정화하기 위해 화학물질이 아니라 미생물과 수생식물이 자라도록 해, 무려 하루 300여 명이 쓰고 버리는 하수를 처리한다.

외관보다 더 주목할 부분은 이들의 일과 중 빠질 수 없는 '조율' attunement이라는 의식이다. 무슨 일이든 시작할 때와 끝낼 때 반드시 하는 것으로, 옆 사람 손을 잡고 둘러서거나 앉아서 명상을

핀드혼의 생태적 하수시설 리빙머신. 리빙머신은 물탱크 12개로 이루어져 있고, 각 물탱크에서는 하수 정화용 미생물과 수생식물이 자라고 있다.

한다. 명상이 끝나면 시작한 이가 옆 사람의 손을 꼭 잡아 주고 그 사람은 또 옆 사람에게, 다시 옆 사람에게 차례로 전달한다. 조율은 신에게 기도하는 것과는 다르다. 나와 분리된 타자와 나누는 대화가 아닌, 항상 나와 함께하는 '일체감'Oneness과 나누는 대화이다.

예를 들어, 자연의 무한한 사랑을 인식하려 할 때 어떤 특정 존재물이나 존재자와 연결되기 위해 명상 또는 기도를 하는 것이 보통의 방법이라면, 핀드혼에서 하는 조율은 무한한 사랑이 밖에 있는 것이 아니라는 사실을 인식하고 내 안에서 찾기 시작한다. 그러한 내가 나를 둘러싼 모든 것들, 옆 사람과 연결되어 있으며 지금 여기 실재하는 사랑을 인식하는 과정이 바로 조율이다. 해서 잠시 침묵함으로써 곧 시작할 일과 일체감을 느끼며 동시에 옆 사람, 전 우주와 조율한다는 것이다. 일을 결정하는 것도 조율을 통해서 한다.

경험 하나. 9시부터 농장 일이 시작되었고 공동으로 쓰는 비옷, 장화, 작업복 중에 필요한 것을 골라 입고는 농장 건물 앞에 다 같이 손을 잡고 둘러섰다. 자연을 느껴 보는 짧은 명상 후에 일할 곳을 정했다. 어떤 종류의 일손이 필요한지 농장 담당자가 말한 뒤 눈을 감고 잠시 내 몸과 마음이 어떤 일을 원하는지 조율하고, 원하는 일을 맡은 담당자 곁으로 가는 것이 그 방법이다.

당근 뽑기와 잡초 뽑기가 그날 해야 할 일이었는데, 예상대로 당근 뽑기로 사람들이 몰렸다. 농장 담당자는 상관없다며 하고 싶은 일들을 하란다. 언뜻 이해되지 않는 결정이다 싶었는데, 일을 하다 보니 그 현명함에 탄복했다. 당근 뽑기에 사람들이 몰렸으니 이 일은 당연히 빨리 끝났다. 그러니 일손이 부족한 잡초 뽑기에 가서 함께 도와야 하지 않겠는가. 자신이 원하는 일을 했으니 불만은커녕 신나서 더 열심히 돕는다. 지혜롭고도 현명한 방법이다.

환경사회학에 대해 개괄적 소개만 하고 앞서 설명한 핀드혼의 '조율'을 간단히 알려 준 뒤, 120명이나 되는 학생들의 현장학습을 위해 조율을 시도했다. 각자 자기 내면의 목소리와 먼저 조율하도록 유도했다. 실은, 주제에 대한 깊은 고민과 자기 내면의 소리를 조합하기보다 개개인의 일정이나 형편에 따라 주제나 날짜를 정했을 것이다. 또한 조율이라는 매우 아카데믹하지 않은 방식이 몹시 낯설었을 것이다. 그렇다 해도 중요한 것은 스스로를 살펴서 주제를 정한다는 점이다.

모든 학생들은 아직 수업을 듣기 전이니만큼 잘 알지 못하는 주제들을 놓고 고심하게 된다. 한 주제를 고르고 나면 그 주제로 현장학습을 완수해야 하므로 신중하게 선택해야 한다는 것도 잘 안다. 그래서 겉으로는 막연한 끌림에 의해 주제를 선택하는 것 같아 보여도, 학생들은 그 과정에서 자발성과 책임감이라는 관문을 통과해 자연스럽게 조율을 거친 셈이 된다.

조율하고 있는 핀드혼 사람들(위). 조율은 기도와 달리 항상 나와 함께하는 일체감과 나누는 대화이다. 핀드혼 사람들은 일을 시작하고 끝낼 때뿐만 아니라, 원하면 언제든 마을에 마련된 명상실(아래)에서 조율의 시간을 가질 수 있다. 명상실은 핀드혼에 있는 모든 건축물이 그런 것처럼 생태적인 방법으로 지어졌다. 이 명상실은 자연석을 다듬지 않고 모양을 살려 지은 것과, 단열을 위해 지붕에 잔디를 심은 것이 인상적이다.

칠판에 강의계획서에 따른 주제를 나열하고 그 옆에 학생들의 이름을 하나씩 적어 나갔다. 두 주제는 스무 명이 넘게 선택했고 그 밖의 주제는 열두세 명씩, 딱 맞아떨어졌다. 조율을 할 때마다 참으로 신기하다 싶은 결과가 이번에도 나왔다. 내가 한 것이라고는 스무 명 넘게 선택한 주제를 두 조로 나누어 준 것뿐이었다.

이제는 '팀플'(학생들의 조별 현장학습 '팀프로젝트'를 줄인 말)에 따른 무임 승차자에 대한 염려가 제기되었다. 나는 물론 억울한 면이 있겠지만 인생 살아 보면 늘 무임 승차자는 있게 마련이라고 말해 주었다. 학생들은 어이없는 답변이라고 생각했는지 '썩소'를 짓는다. 무임승차를 하지 않을 수 있도록 함께 이끌고 협력하는 것도 환경과 생태를 공부하는 태도 중 하나라고 말하고는 무임 승차자에 대한 무기명 신고제를 해 보라며 해결책을 제시했다. 이렇게 내가 제시한 '조율'과 학생들이 원하는 '신고'라는 극과극의 방식을 동원해 한 학기를 꾸렸다.

세 시간 수업 중 반은 내가 강의하고 반은 팀플 발표로 이루어졌다. 다음 꼭지부터 설명될 내용의 상당 부분은 학생들의 발표 내용으로 나누고 배운 것이라 해도 과언이 아니다. 때때로 학생들의 발표는 내 강의보다 훨씬 옹골찼다. 그 발표를 위해 열 몇몇이서 며칠 아니 몇 주 동안 머리를 맞대어 토론하고 현장을 직접 두 눈으로 보았다. 그리고 그 내용을 발표로, 또 보고서로 열심히 토해 냈다. 준비하는 동안 의견을 조율하느라 고생하고, 무성의한 친구의 참여를 독려하는 모습도 보였다.

나는 환경사회학에서 배우는 것은 다른 게 아니라 바로 그 '과정'이라고 믿는다. 팔당을 답사한 후, 4대강 사업 때문에 유기 농지를 잃게 된 팔당 두물머리 농부들을 돕겠다고 변호사 아버지와 밤샘토론을 했지만, 단단한 벽에 달걀만 던진 꼴이라며 씩씩거릴 수 있다. 밀양 송전탑 문제에 대해 인터넷 검색으로 얻은 다양한 자료를 분석할 수 있는 능력도 중요하지만, 현장에서 할머니들의 손을 맞잡고 그분들과 나와 사회를 조율해 내는 힘을 체득했다는 그 과정이 더 중요하다.

과정이 우직하면 결과는 당연히 탐스러우며, 혹여 성과가 미진한들 개의치 않아도 된다. 이미 사람과 사람이 함께했고, 땀을 나누는 협업의 가능성을 배웠으니 단순히 몇 분, 몇 장짜리 말과 글로 표현되는 성과에 대해 평가받을 이유도 평가할 이유도 없다.

그리고 믿기 어렵겠지만 무임 승차자 신고는 없었다. 접수된 신고 메일은 딱 한 통이었다. 함께 프로젝트를 진행한 친구 한 명이 유난히 열심히 했으니 "월권이다 마시고 그 친구에게 점수를 좀 더 주시면 좋겠다."는 내용이었다. 조율, 핀드혼이 실천하는 '참여민주주의' Participatory Democracy는 늘 그랬듯 이번에도 뭉클했다.

침묵하는 봄, 건너뛴 삶의 결과

환경사회학 강의가 늘 이렇게 뭉클하지는 않다. 수업에서 다루는 이슈들은 하나같이 고질병처럼 난감한 우리 사회의 환부를 낱낱이 건드리기 때문이다. 첫 시간에 '조율'과 같은 과정의 중요성을 강조하는 이유가 또 있다. 과정을 무시한 채 도달한 결과는 반드시 말썽을 일으킨다. 그 결과는 때론 참혹한 대가를 치르게 하기도 한다는 사실. 자연과 사회의 소외를 고려치 않은 무한정한 경제발전이 발생시킨 환경문제의 심각성이 대표적인 사례다.

1962년 미국 생물학자 레이첼 카슨(1907~1964)은 거대 화학업계의 집요한 방해 공작을 무릅쓰고 『침묵의 봄』을 기어코 출간했다. 합성살충제의 피해, 그로 인한 생태계 파괴, 궁극에는 인간에게 부메랑처럼 돌아올 재앙에 대해 고발한 책이다.

살충제는 대부분 비선택적이다. 없애려는 특정한 종만을 제거하지 않는다. 그럼에도 불구하고 맹독성이라는 단순한 이유 하나만으로 그 살충제를 사용하는 것이다. 따라서 이런 살충제와 접촉하는 모든 생물, 가족들의 사랑을 받는 고양이, 농부가 키우는 가축, 들판에서 뛰노는 토끼, 하늘 높이 날아가는 종달새가 모두 위험에 빠진다. 이런 동물은 인간에게 아무런 해를 끼치지 않는다. 사실 동물들과 그 주변 환경의 존재로 인해 인간의 삶이 더욱 즐거워진다. 그러나 인간은 그 보답으로 갑작스럽고 무시무시한 죽음을 선사한다. 셸던의 자연 관찰자들은 죽음에 이른 종달새의 증상을 다음과 같이 설명했다.

근육의 조절이 안 되기 때문에 날거나 설 수 없음에도 불구하고 새들은 옆으로 드러누워 계속 날갯짓을 해댔다. 발톱을 오그리고 부리는 반쯤 벌린 채 힘들게 숨을 쉬고 있다.

이보다 더 불쌍한 것은 얼룩다람쥐였다.

죽음에 이른 얼룩다람쥐의 모습은 특별하다. 몸을 웅크린 채 앞발로 가슴을 잡고 있었다. …… 머리와 목은 축 늘어졌고 입에는 더러운 흙이 들어 있었는데, 불쌍한 다람쥐가 죽어 가면서 땅을 물어뜯기라도 할 듯 몸부림쳤음을 알려준다. 살아 있는 생물에게 고통을 주는 행위를 묵인하는 우리가 과연 인간으로서의 권위를 주장할 수 있을까?

— 레이첼 카슨, 김은령 옮김, 『침묵의 봄』, 에코리브르, 132~133쪽

이제는 고전이 된 이 책은 전 세계에 엄청난 충격을 주었으며, 미국 의회는 10년 후 DDT 사용금지를 선포했다.

그로부터 반세기가 지난 2011년, '침묵의 봄'을 재현한 듯한 사건이 대한민국에서 벌어졌다. 경상북도 왜관읍 칠곡군에 있는 캠프 캐럴 미군기지에서 1978년 주한미군이 고엽제를 몰래 매립했다는 사실을 퇴역한 미군이 폭로했다. 매립량은 수백 갤런에 이르는 것으로 알려졌다. 1갤런은 약 3.79리터쯤 되니까, 1리터짜리 우유 팩 대

략 4개를 한 묶음 단위로 쳐서, 이것의 수백 배 양을 땅에 파묻었다는 말이다.

고엽제는 2차대전 때 영국이 발명한 분말 형태의 제초제인데, 합성 과정에서 TCDD라는 맹독성 다이옥신이 생성되어 이것이 신경계통 장애와 각종 암을 일으킨다. 우리나라에서는 베트남전쟁(1960~1975)에 참전한 군인들이 1970년대 이후 원인 불명의 질병을 호소하면서 비로소 사회문제로 떠올랐다.

"바지 속으로 DDT 한번 확 뿌리면 징글징글하던 벼룩이며 이, 빈대를 박멸해 줘서 살맛 났었다."

우리보다 한두 세대 앞선 어른들 중에는 이토록 심각한 기사를 읽고도 저렇게 말씀하시면서 껄껄 웃는 분들이 있었다. 이분들은 제초제에 대한 경각심 같은 것은 상상할 수도 없었던 헐벗음과 굶주림의 세월을 온몸으로 통과해 온 세대이다. 그 덕분에(?) 우리는 매우 짧은 기간에 해충을 박멸하고 전염병을 퇴치하게 되었다. 하여, 오랜 시간이 흘러 이런 사건이 터졌다 해서 그때의 극약 처방을 불필요했던 것으로 매도할 수는 없다. 절대적 빈곤을 극복하기 위해 도입했던 각종 신기술들은 단기적 이익을 창출하는 데는 더없이 효과적이었다. 반면, 시간을 두고 발생하는 부작용을 해소하는 데는 단기적 이익을 훨씬 넘어서는 사회적, 국가적, 전 지구적 비용과 노력이 필요하다.

새들의 지저귐이 더 이상 들리지 않는 '침묵의 봄'을 맞고도 충격을 받지 않는 것은 편리한 도시형 삶 때문이다. 해충은 박멸되었고, 새소리는 스피커로 듣고, 밤에는 화려한 불빛이 야경을 수놓아 도시 매미는 밤에도 열심히 구애 활동을 한다. 도시화에서 비롯된 인구 집중이 가져다주는 이점도 있다는 주장이 있다. 도시 외곽의 삼림 자원이나 자연 서식지를 덜 파괴할 수 있으며 도시에 거주하는 여성들의 출산율도 낮기 때문에 인구 증가를 억제하는 효과가 있다는 것인데, 언뜻 일리 있는 주장 같지만 그게 그렇게 간단치 않다.

『침묵의 봄』 초판본 표지. 레이첼 카슨이 남긴 저작들은 과학 전문서임에도 글이 매우 아름다운 것으로 유명하다.

도시화는 무엇보다 밀집된 인구로 인해 에너지 사용을 증가시키고, 그 결과 이산화탄소 발생량도 높인다. 연료와 식량 등 생필품을 도시에서 자급하는 것이 아니라 도시 밖에서 날라 와야 하기 때문에 운송수단과 도로를 정비해야 한다. 전력과 도로시설 공급 과정에서는 환경문제가 수없이 생긴다. 물 수요도 급격히 늘어나 하천이나 지하수를 고갈시킬 것이다. 하수처리 시설이 제대로 갖춰지지 않으면 수질을 오염시켜 부영양화를 낳는다. 재생 가능한 자원이라 여기던 물 자원조차 재생이 불가능할 만큼 빠르게 사용되기 때문에 고갈 사태를 면할 수가 없다. 한마디로 말해 인구 밀집형 대도시는 이미 종합 문제 세트가 되었다.

많은 사람들이 도시가 뽐내는 화려하고 세련된 이미지를 거부하지 못한다. 도시에는 없는 것이 없을 것처럼 보인다. 또 도시는 다양하고 풍부한 일자리도 줄 수 있을 거라 사람들은 믿었다. 그래서 수십 년 전부터 많은 사람들이 농사를 접고 도시로 떠났다. 그 행렬은 지금도 계속된다. 사람들은 대도시로, 서울로 몰려들고 수도권 인구는 우리나라 인구의 절반(49%)을 차지한다.

물론 이 현상은 우리나라만의 것은 아니다. 사회학에서는 이를 '인구 이동'이라는 이름의 사회현상으로 보았다. 개발을 추구하는 국가에서 인구 이동은 일반적으로 농촌에서 도시로 향한다. 게다가 우리의 경우 집약적 경제성장을 위해 밤낮없이 일하도록 독려되었고, '선 개발 후 분배'라는 개발철학을 옹호하도록 교육받아 왔다. 한국전쟁 후 빈곤에 허덕이던 대부분의 사람들은 산업화나 도시화의 부작용을 생각해 볼 여유가 없었기 때문에 국가 정책에 자발적으로 동참한 면도 부인할 수는 없다.

안타까운 점은 초고속 경제발전에 부응하기 위해 유출된 인구는 밤낮없는 소음과 대기오염, 수질오염에 노출된 것도 부족해, 상대적 빈곤과 실업에 시달리면서 불안정한 삶을 이어 가고 있다는 것이다. 자연과 함께할 수 있는 녹지 공간은 매우 부족한 반면, 주택 공급자와 정책 입안자가 중심이 된 택지개발은 실제 거주할 사람의 형편과는 무관하게 진행된 탓에 획일적인 대규모 주택단지만 잔뜩 건설되었다.

게다가 도시 인구의 소비 수준은 인구수보다 더욱 빠른 속도로 성장하고 있다. 전 세계적으로 둔화된 인구 성장 덕분에 환경에 가하는 충격이 감소될 듯했으나 소비의 급속한 성장은 오히려 더 큰 '생태발자국'(217쪽 참고하기)을 남기고 있다. 한 집에 한 대이던 자가용이나 텔레비전, 컴퓨터를 가족 구성원 개인당 하나씩 소유하고, 욕실도 한 개에서 두 개로, 냉장고도 용도별로 나누어 들여놓고 있다. 과거의 사치품이 이제는 생필품이 되었다. 대형 승용차, 대형 가전제품 등은 절대적인 필요에서라기보다는 개인의 사회적 지위를 나타내는 수단 중 하나가 되었기 때문에 사실상 상한선이 없는 수준으로 그 수요가 팽창해 가고 있다.

끊임없이 부의 축적만을 갈구해 오던 우리 사회에 브레이크가 걸렸다. 1997년 12월, 이른바 'IMF(국제통화기금) 경제체제'에 들어갔다. 원래 IMF는 2차대전 이후 새로운 국제무역 체제를 수립하기 위해 창설된 국제기구 중 하나이다. 회원국들이 내는 자금으로 조성된 펀드를 운영하여 국제무역에 수반되는 외환 안정성을 유지하는 일이 주요 업무이기 때문에, 은행이 개인이나 기업에 대출을 해 주듯 외화가 필요한 나라에는 자금을 빌려 주는 일도 한다. 하지만 우리나라가 1997년에 IMF로부터 받은 자금은 이러한 통상적인 융자가 아니라 '국가 부도'를 막기 위한 긴급 구제금융이었다. 쉽게 설

37

명하면, 가지고 있는 돈('외환 보유고'라고 함)에 비해 갚아야 할 빚이 너무 많아 채무 불이행 사태를 맞이한 것이었다. 정부 경제정책에 절대적 의존과 신뢰를 보낸 국민들은 전대미문의 경제위기에 큰 충격을 받았다.

그럼 그 지경을 맞이하기까지 대한민국의 경제 운영에 관여했던 사람들은 아무도 그런 상황을 몰랐을까? 아니었다. 신자유주의(정부의 시장 개입을 축소하고, 규제를 철폐하고, 자유경쟁 아래 자유로운 무역과 경제활동을 옹호하는 경제 사조로, 1970년대 이후 등장함)에 편승한 상위 재벌이 국가 경제의 35%를 장악하고, 정치권과 재벌의 결탁으로 대표되는 한국 경제의 구조적 문제를 전문가들이 줄기차게 지적해 왔다. 그런데도 우리 국민들의 머릿속에는 재벌 경제 발전론이 강력하게 각인되어 있었기 때문에 IMF로부터 구제금융을 받아야 한다는 자국의 위기 상황을 이해할 수 없어 큰 충격에 휩싸인 것이었다.

IMF 체제에서 수천 개의 사업체가 부도를 맞고 실업률도 급격히 높아졌다. 1996년 고작 2.0%였던 실업률이 1999년에는 8.4%로 급증했다. 더구나 이러한 상황이 더욱 심각하게 다가왔던 이유는 한국의 사회보장제도가 전혀 그 기능을 발휘하지 못했기 때문이다. 덩달아 이혼율과 범죄율도 증가했고 실직한 가장들이 거리의 노숙자로 전락하는 일이 벌어졌다.

독일 사회학자 울리히 베크(1944~2015)가 『위험사회』에서 언급하는 현대사회의 '불확실성'이란 이전에는 당연시되었던 신뢰가 사라져 생긴 문제이다. 직접 기르고 만들어 먹던 먹을거리가 공장에서 가공되고 유통되는 과정에서 벌어지는 갖가지 불법행위들. 홍수, 가뭄, 산불 등 자연재해라고 믿었던 것들이 인재임이 밝혀진다. 신뢰가 바탕인 금융거래에서도 각종 사고가 난무한다. 제3의 불이라며 칭송하던 핵에너지의 편리성 이면에는 예측 불가능한 거대 위험까지 도사리고 있다. 도처에 예측 불가능한 일 천지이고, 믿을 구석은 점점 없어진다. 사실은 불확실하고, 위험은 커지고, 결정은 긴급한 것이 우리가 살아가는 '위험사회'이다.

심각한 경제위기를 거듭 겪어도, 위험사회의 가장 심각한 양상 속에 살면서도 우리가 하는 일이라곤 아직도 후진성에서 벗어나지 못하고 있다. 각종 국책 개발 사업을 추진하는 과정에서 터져 나오는 잡음은 언제쯤에나 사라질까. 시민들의 의견을 듣기보다는 보상이라는 회유책으로 지역 주민들 사이를 갈라놓는가 하면, 지역감정을 부추겨 해묵은 갈등을 일으킨다.

2011년 3월 11일, 일본의 후쿠시마 핵발전소 사고 이후에는 물론, 그 이전부터 핵발전소 가동을 중단하거나 재생 가능 에너지 개발을 추진하는 것이 세계 선진국들의 추세인데도 우리는 정반대로 나아간다. 핵발전소 추가 건설도 문제이지만, 핵발전의 부산물인 방사능 폐기물을 처리할 방폐장 건설 부지 선정을 두고 와해되는 지역민들의 아픔을 마주할 때마다 가슴은 답답해진다.

후쿠시마를 덧붙여 두는 것도 의미가 있을 듯하다. 사고가 난 후 일본에서는 1960년대 이후 최대 규모 집회가 수상 관저 앞에서 열렸다. 후쿠시마 사고 후 도쿄는 전력 소비를 반이나 줄였지만, 사는 데 별 문제가 없었다.

하지만 지금은 도루묵이 되었다. 정부는 핵발전소 유치를 위해 신청사를 지어 주고 대규모 축구장을 신설해 준다. 안전을 홍보하기 위해 항공권을 제공해 가며 현장 방문을 시킨다. 우리 현실과 하나도 다를 바가 없다. 탈핵을 지지하는 나오토 칸 전 일본 수상은 정치가들을 믿지 말고 시민 스스로 행동하라고 주문한다.

각종 연구 결과에 따르면, 일본인들의 재생에너지에 대한 관심은 매우 높다. 재생에너지로 생산한 전기를 쓰겠다는 의지도 높다. 우리도 마찬가지다. 탈핵을 위해, 에너지 전환을 위해 지역에너지 계획을 세우는 도시가 늘어나고 있다. 하지만 일본 정부도 우리 정부도 끄떡없이 핵발전소를 더 많이 짓고 세계 각국에 수출하는 데만 집중하고 있다.

신뢰에 기반한 정부, 원칙을 준수하는 과학기술자, 나를 대신해 목소리를 높이는 정치인이 드물다. 그러다 보니 중앙정부나 지방정부의 개발 정책에 대한 반대 의견은 '딴지걸기' 정도로 폄하되기 일쑤다. 세계적인 스포츠 행사를 유치한다는 명분이 아직도 지역의 균형 발전과 국가의 이익 도모라는 구시대적 구호에 갇혀 있다. 여기에 대고 정확한 손익계산, 환경영향평가 등 신뢰할 만한 연구 결과를 가져다 설득하려 한들 무슨 소용이 있을까.

우리와 동계올림픽 개최 경쟁지였던 독일 뮌헨이 왜 개최를 반대했는지를 다룬 주장은 가려졌다. 땅값 상승 같은 자극적인 언어를 동원하며 올림픽 개최에 대한 실체 없는 긍정이 판치는 동안 실제 거주민들의 목소리도 묻혀 버렸다. 찬반 의견이 동등하게 겨루고 검토되는 원탁이 마련되지 않는 한, 우리나라에서 '개발 논리'는 천하무적일 수밖에 없다.

우리 땅 환경문제

환경사회학 또는 사회학이 고민하고 있는 숙제들을 함께 풀어 가기 전에 우리 땅에서 발생한, 우리가 주목했던, 우리의 환경문제 몇 가지를 간략히 살펴보자.

우리나라 환경문제의 가장 큰 특징은 국가의 밀어붙이기식 토목공사와 막개발에 따른 '환경 갈등'이다. 또한 영미권에 비해 우리 환경사회학자들은 환경운동에 특히 높은 관심을 보여 왔다. 이는 정부 정책의 문제점을 고발하고 반대를 위한 반대를 하려는 목적에서가 아니었다. 개발에 따른 지역민들의 피해를 분석하고 대응하는 일을 환경단체에서 주도했는데, 이들의 전문성 확보를 위해 학자들의 자발적이고 적극적인 참여가 필요했기 때문이다.

환경오염 문제는 1960년대 대대적인 공업단지 건설을 시작으로 우리나라 곳곳에서 비슷한 형태로 나타났다. 대표적인 공업도시인 울산에서는 "공업 생산의 검은 연기가 대기 속으로 뻗어 나가는 그날엔 국가의 희망과 발전이 눈앞에 도래했음을 알 수 있을 것"이라고 새겨진 탑이 세워졌다.

공업이 발전의 대로 위를 거침없이 달려가게 된 것과는 정반대로 이 지역 삼산평야의 벼들은 말라 죽었고, 1970년대에 이르자 어업 피해도 났다. 1980년대에는 신경통과 피부병을 동반한 '온산병'(울산 온산 지역에서 생긴 중금속 중독에 의한 공해병)에 시달리는 주민들이 나타났다. 환경오염이 본격화되자, 주민 이주가 독려되었다. 하지만 당시 이주 사업은 공업 부지를 추가로 확보하기 위한 것이었지, 생계 터전을 떠나야 했던 주민들을 위한 보상은 턱없이 부족했다. 지역 곳곳에서 추진되었던 압축적 공업화 정책과 그에 따른 피해를 고스란히 감내해야 했던 옛날이야기(?)이다.

그랬던 울산 태화강에 최근 황어가 회귀했다는 소식이 들린다. 공단이 환경을 개선하기 위해 노력을 기울인 결과일 테니 반가운 소식으로 받아들여야겠지만, 이마저도 한 걸음만 더 들어가면 경악할 소식이 기다린다. 오염을 대량 유발하는 공단들이 더 이상 국내에서는 대량생산을 하지 않겠단다. 잘 알다시피 공장들은 생산 단가를 낮추고 저렴한 임금노동을 찾아서 제3세계로 이전하는 중이다. 한국이 아닌 다른 지역에서 오염물질은 계속 배출되고, 이곳 사람들이 피해를 입는다.

환경문제는 비단 공해에 국한되지 않는다. 공단 건설 이후에 추진된 각종 개발 사업은 공간을 상품화한 결과이다. 지리학자 데이비드 하비(1935~)에 따르면 우리가 사는 이 시대는 우리가 모두 소비할 수 없을 만큼의 상품을 대량으로 생산하고 있기 때문에 공급과잉에 따른 공황 발생은 필연이다. 물론 경제공황이 발생할 시점인데도 생산 단가가 더 낮은 국가 또는 지역을 찾아내 더욱 저렴한 상품을 끊임없이 생산해 내고 있지만 말이다. 여하튼 공급과잉에 따른 경제공황을 극복하기 위해 새로운 상품 생산을 고민한바, 그 일환으로 '공간'을 새로운 상품으로 편입시켰다. 즉, 공간의 상품화로 인해 간척사업, 댐 건설, 발전소 같은 개발 사업이 본격적으로 등장했다는 주장이다.

우리의 경우도 마찬가지다. 1994년에 완성된 시화 방조제(길이 11.2킬로미터)는 1만 7300헥타르(여의도의 약 60배 넓이)의 간척지를 탄생시켰다. 정부 계획은 담수호를 조성해 간척지를 농지로 활용한다는 것이었다. 방조제 완성 후 벌어진 결과는 이미 잘 알려진 것처럼 호수는 급속히 오염되었고, 어류는 몰살되고, 오염된 물고기로 새들 또한 죽어 갔으며, 갯벌은 마르고 어민들의 조개잡이는 더 이상 불가능해졌다. 소금바람 때문에 농사는커녕 있던 갯벌마저 파괴되어 농어민이 모두 일터를 잃게 되었다.

교육방송이 만든 다큐 '20년의 격변, 새만금에 길을 묻다'에서 잘 보여 주듯, 바다를 막아 여의도 넓이 140배의 땅을 만들겠다는 새

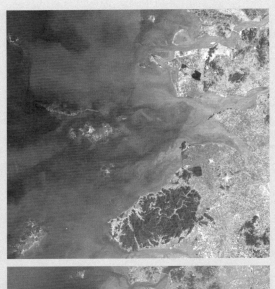

© NASA

NASA의 인공위성이 새만금 간척사업을 시작하기 전인 1989년 5월(위)과 물막이 공사가 끝난 후인 2006년 10월(아래)에 찍은 사진이다. 돈으로 환산할 수 없는 가치를 지닌 갯벌과 바다를 막아 농지를 만들겠다는 개발 계획은 세계 최장 방조제를 건설하는 데 성공해 기네스북에 기록을 올리기는 했다.

만금 간척사업 또한 이런 시화호를 경험하고도 여전히 놓지 못하는 공간 상품화의 일념에서 비롯되었다.

새만금 간척사업은 1987년 노태우 전 대통령의 대선 공약으로 시작되었다. 사업 때문에 생기는 환경 피해를 환경단체가 끈질기게 지적한 끝에 1999년, 민관 합동조사를 시작하게 되었고 공사는 중단되었다. 하지만 2001년 간척사업은 재개된다. 사업을 찬성하는 측에서는 부족한 농지를 확보할 수 있고(안타깝지만 뻔히 있는 농지도 휴경지로 만들도록 유도하는 정책이 버젓이 있고, 일손이 없어 놀고 있는 농지도 많다), 담수호는 물을 확보해 홍수 피해를 방지할 뿐만 아니라, 미래 세대의 물 부족 문제를 해소할 수 있다고 주장했다. 휴양관광 편익을 제공해 지역경제 발전의 기반을 조성한다는 주장도 빼놓지 않았다.

그러나 시화호 사례에서 배운 환경 파괴 문제와 지역경제 피폐화의 경험은 2003년 전남 부안에서 서울 광화문까지 수경 스님, 문규현 신부님 등 네 분의 성직자를 65일간 309킬로미터에 이르는 거리를 삼보일배하며 걷도록 만들었다. 대장정을 마친 6월 5일은 환경의 날이었다. 2000년 김대중 전 대통령이 동강댐 건설의 백지화를 선언한 것처럼 노무현 전 대통령의 결단을 기대했지만 안타깝게도 새만금 간척사업은 계속 진행되는 것으로 가닥을 잡았다. 다만 농지 조성만으로는 경제성이 부족하기 때문에 친환경 관광단지와 생태공원을 조성하는 것으로 목표를 수정했다.

2006년에는 새만금 방조제 물막이 공사가 완료되었다. 길이 33킬로미터! 세계 최장 방조제가 2010년에 완공되었다. 물막이 공사를 할 때도 지역민을 중심으로 공사 현장 점거 시위는 계속되었다. 담수호 수질을 유지하기 위해서는 33조 원이 필요하고, 남산 10개 분량과 맞먹는 6억 톤의 흙을 공수해야 한다. 그런데도 이미 10년 넘게 국가예산을 투입했기 때문에 공사 중단은 불가하다는 것이었다. 2010년 이명박 정부는 2020년까지 글로벌 명품 복합도시를 만들겠다며 새만금 종합 실천 계획을 확정했다.

세계적인 과학 잡지 『네이처』Nature는 이미 1997년에 갯벌이 지구 면적의 겨우 0.3%에 불과하지만 지구상 모든 강과 호수가 가진 가치와 맞먹는다는 기사를 실었다. 갯벌의 경제적 가치는 농경지의 100~250배에 이른다. 새만금은 이미 명품 복합 갯벌이었다. 놀라운 사실 하나 더! 우리 갯벌은 세계 5대 갯벌 중 하나이다.

최근 벌어진, 새만금 2탄이라고 불리는 토목 사업이 있으니 바로 2009년 시작된 4대강 사업이다. 이 사업은 영광스럽게도(?) 단군 이래 최고의, 최단 기간의 토목 사업으로 기록된다. 국민 70%가 반대하고, 역시나 전문가들의 끊임없는 문제제기에도 끄떡없이 강력히 추진되었다. 그 덕분에 2014년 현재, 우리는 10조 원이라는 부채뿐만 아니라, 대형 막개발로 인한 각종 환경문제를 또다시 목격하고 있다.

유엔에 소개된 4대강 사업의 영문명은 'The 4 Rivers Restoration

Project', 즉 4대강 '복원' 사업이다. 하지만 훼손된 하천을 자연 상태로 복원하는, 다시 말해 하천에 공간을 돌려주는 선진국형 복원 방식과는 완전히 달랐다. 보를 설치하고, 퇴적토를 파내며, 댐을 짓는 방식이기 때문에 복원 사업이 아니라 개발 사업이라고 전문가들이 그렇게도 지적하지 않았나. 또한 수질 개선과 생태 복원이라는 사업 계획과는 반대로 물의 흐름이 차단되기 때문에 수질이 악화될 것은 불을 보듯 뻔했다.

녹색 일자리 창출이라는 명목도 허울뿐이었다. 엄청난 거대 공사를 속도전으로 밀어붙인 탓에 건설노동자들이 과로 누적으로 사망하는 일이 생겨났지만 언론은 주목하지 않았다. 그리고 노동자들은 대부분 일용직이었다. '유엔 녹색뉴딜 보고서'에서 언급하는 녹색 일자리의 조건인 '적절한 보수, 안전한 작업 조건, 일자리 안정성, 노동자 권리를 만족시키는 일자리'를 하나도 충족시키지 못했다.

팔당 두물머리에서 1970년대부터 유기농사를 지어 오던 농민들은 4대강 사업 때문에 일터에서 쫓겨나야 했다. 이미 공식적으로 밝혀진 대형 건설사의 하도급 부정 비리와 담합 비리는 4대강 사업이 전형적인 대규모 토목 사업이었음을 증명한다. 그 밖에도 홍수 피해를 막는다면서 본류에 공사를 진행한 것이나, 지금도 줄줄이 드러나고 있는 부실 공사 실태, 생태계 파괴 결과는 모두 나열할 자리가 부족할 지경이다.

아직 내 말이 끝나지 않았는데, 앞줄에 앉은 한 학생이 조심스레 반론을 제기했다.

"모든 개발이 악은 아니지 않나요?"

맞는 말이다. 4대강 사업에는 반대했으나 근대화 콤플렉스를 극복하지 못한 우리는 국책 사업에 이중적인 태도를 보이기 쉽다. 그렇다면 분명히 해야 할 점은 이것이다. 개발 국책 사업의 존재 이유는 공공성의 확보와 증진에 있다! 지역 주민은 개발 토건 사업을 위한 포섭의 대상이 아니라는 말이다.

대규모 토목공사라면 환경이 파괴되어도, 지역민의 삶이 붕괴되어도 개념치 않던 옛날이야기는 이제 진실로 옛이야기가 되어야 한다. 지역과 주민과 환경까지 모두 고려한 진정한 생태적 성장과 개발이 실현되어야 한다. 토건 국가의 개발 프로젝트에 저항할 수 있는 시민, 공공성이 보장된 개발을 지향하도록 여론을 형성하고 조직할 수 있는 시민, 독일 뮌헨이 동계올림픽 개최를 반대했던 이유에 공감할 수 있는 우리가 필요하다.

환경사회학의 출현

사회학은 대체 어떤 학문이기에 이런 골치 아픈 사회문제들을 고민하고, 갈등 해결 방안을 모색하려 할까? 사회학자가 환경문제에는 왜 관심을 가지는 걸까?

서양의 근대사회는 인문주의와 합리적 사유의 발달에 힘입어 성장했다. '신'神 중심의 세계와 사유로부터 깨어나자는 근대 계몽주의는 이성과 과학을 무기 삼아 새로운 사회의 모습과 구성 원리를 만들어 갔다. 계몽주의 사회사상가로는 영국의 홉스(1588~1679)와 로크(1632~1704), 프랑스의 루소(1712~1778), 몽테스키외(1689~1755), 생시몽(1760~1825) 같은 인물들이 있다.

이중 생시몽의 사상을 이어받은 콩트(1798~1857)는 『실증철학강의』Cours de philosophie positive라는 저서에서 사회를 생물 유기체에 비유하면서, 해부학으로서의 사회정학社會靜學과 생리학으로서의 사회동학社會動學 연구를 제안했다. 당시에 가장 발전한 학문인 생물학과 물리학의 법칙들을 적용해 사회질서와 변동을 연구해 보자는 주장이었다. 이처럼 콩트가 '사회에 관한 과학'을 역설한 덕분에 '사회물리학' 또는 '사회학'이라는 명칭이 생겨났다.

근대 사회학에서 중요한 위치를 차지하는 프랑스의 에밀 뒤르켐(1858~1917)은 사변적인 실증철학을 넘어 경험적 연구 방법론을 체계화하고자 '사회적 사실을 사물로 보라'는 사회학 제1원리를 주창했다. 사회학은 '사회적 사실'을 연구함으로써 심리학이나 생물학과 구분된다. 독일의 막스 베버(1864~1920) 또한 사회현상을 자연과학적 방법으로 연구하려는 실증주의를 넘어서야 한다고 보았다. 그는 『경제와 사회』라는 책에서 자연과학처럼 실증할 수 없는 요소, 즉 문화·정치적 요인, 개인의 행위 동기와 의도 사이의 복합적인 영향

관계를 고찰해야 한다는 견해를 매우 체계적으로 제시했다.

서양 근대사회의 정신적 기반은 이성적 합리주의와 개인주의라고 했다. 이는 신 중심의 세계관에서 인간 중심의 세계관으로 전환되는 과정에서 형성된 것으로서, 봉건사회를 흔들기에 충분했다. 이를 주도한 부르주아지(신흥 자산계급)는 자신들이 축적한 경제적 부를 이용해 정치적 권리와 사유재산 보호를 요구하기 시작했다. 영국의 1688년 명예혁명, 프랑스의 1789년 대혁명은 부르주아지가 주동한 근대적 혁명이었다. 이들 혁명을 통해 근대적 시민사회, 근대적 국민국가가 등장했다. 바꾸어 말하면, 근대혁명은 자본을 사적으로 선취한 이들이 자신들의 계급적 이익을 사회의 구조적 변혁과 새로운 제도의 신설을 통해 관철시킨 과정이라고도 할 수 있다. 그리하여 이들 혁명을 통해 근대적 시민사회, 근대적 국민국가가 등장했다.

학자들이 봉건사회와는 완전히 다르게 작동하는 사회에서 발생하는 문제들을 주시하게 되면서 경제학과 사회학이라는 신학문도 태동했다. 근대사회에서는 그 타고난 특성 때문에 소외와 배제가 반드시 발생한다. 이러한 사실을 날카롭게 직시한 인물이 독일 경제학자 카를 마르크스(1818~1883)였다.

그는 『경제학-철학 수고』에서 근대혁명 이후 나타난 자본주의 사회의 문제점을 지적했다. 귀족의 착취로부터 쟁취한 사유재산 보호는 자본가와 노동자 간의 계급적 분열을 일으켰고, 분업은 노동소외와 인간소외를 낳았다. 따라서 자본의 사적 소유가 폐지된 계급 없는 사회를 주장하기에 이른다.

다시 말해 사회학이라는 학문은 부르주아 혁명과 산업혁명을 거치면서 발생한 새로운 사회현상과 사회변동의 원리를 새로운 이론과 방법을 통해 객관적으로 설명하려는 시도였다고 볼 수 있다. 이러한 시도는 매우 다양하게 전개되었고 지금도 진행 중이다. 몇 가지 소개해 보면 다음과 같다.

마치 신체 각 부위의 기관들이 제 기능을 충실히 수행해 신체 활동이 가능하듯, 사회도 가족, 학교, 정부 등이 각각 제 역할을 하면서도 동시에 통합과 연대를 추구한다고 보는 '기능주의'가 있다. 반대로, 각각의 역할에 충실하고자 하지만 사회체제적 모순 때문에 생긴 갈등으로 인해 사회변동을 추구한다고 보는 '마르크스주의'도 있다. 사회를 연구할 때 거시적인 사회구조에 초점을 맞추어 분석하는 '구조주의'가 있고, 일상생활에서 생기는 사람들 간의 미시적 행위에 초점을 맞추어 분석하는 '상호작용론'도 있다.

이론 분석에 충실한 학자도 있고, 사회문제를 정략적 또는 정성적 방법으로 예증하기 위해 사회분석 방법론을 더 깊이 연구하는 학자도 있다. 사회학의 출발점인 근대화, 즉 모더니즘에 대한 분석을 넘어서고자 모더니즘을 부정해 보기도 하고 모더니즘을 성찰하기도 한다.

사회가 분화되고 복잡해질수록 사회학자들의 연구 주제는 늘어난다. 이때 늘 되새기는 사회학적 용어가 있으니 바로 미국의 사회

2차대전 이후 미국의 사회학은 거대담론과 기능주의 (즉 통합과 연대의 가능성)를 중심으로 한 연구에 치우쳐, 각종 통계치 분석에만 집중하는 미시적 방법론에 매몰된 경향이 있었다. 밀스는 『사회학적 상상력』이라는 저서를 통해 그와 같은 연구 경향을 비판했다. 이후 '사회학적 상상력'이라는 용어는 사회학자들이 사회를 바라볼 때 가져야 하는 자세가 되었다고 해도 과언이 아니다.

학자 라이트 밀스(1916~1962)가 언급한 '사회학적 상상력'이다. 사회학적 상상력이란 사회와 나의 관계를 인지하기 위한 능력이다. 개인의 행위가 사회에 미치는 영향 또는 거시적 사회가 개인에게 끼치는 영향, 그 속에 내재된 각종 인과관계를 파악해 내는 능력이다. 역사적 변천, 사회정치적 구조, 담론 메커니즘은 물론, 개개인의 특성과의 관계를 분석해 그 속에서 주체와 사회에 대해 유의미한 판단을 내리고자 노력한다.

환경사회학도 마찬가지다. 서구의 환경운동은 레이철 카슨의 『침묵의 봄』에서부터 시작되었다고 해도 지나친 말이 아니다. 공업화에 따른 환경문제는 환경이 더 이상 자연과학에서만 다루어야 할 분야가 아니라 사회적 문제임을 깨닫게 하는 계기가 되었다.

카슨이 죽고 7년이 지난 뒤인 1971년 제1회 '지구의 날' 행사가 열렸다. 1972년에는 로마클럽이 「성장의 한계」The Limits to Growth 라는 보고서를 발간하여 공업화에 따른 공해 증가, 자원 고갈, 인구 증가, 농업 생산 한계 등으로 지구적 규모의 경제성장에 한계가 있다는 전망을 내놓았다. 로마클럽은 이탈리아의 민간 연구기관으로, 여러 분야의 전문가들이 환경오염의 심각성을 일찍이 인식하고 이를 본격적으로 연구하기 위해 1968년에 결성했다. 로마클럽은 그 후로도 몇 차례 미래 예측 보고서를 발간해 인류가 지금과 같은 방식으로 삶을 지탱하는 것은 불가능하다고 경고했다.

1976년, 미국사회학회가 환경사회학 분과를 신설할 정도로 환경 문제에 대한 사회학적 관심은 높아졌다. 불행히도 1980년대 이후에는 막대한 환경 피해를 일으키는 인재가 끊이지 않으면서 환경 사회학의 역할은 점차 커졌다. 어떤 인재였는지 몇 가지만 살펴보아도 사회문제와 환경문제는 불가분의 관계라는 사실을 바로 알 수 있다.

1984년에 인도의 보팔에 있던 한 살충제 화학공장에서 폭발 사고가 터져 36톤에 이르는 독가스가 흘러나왔다. 화학공장이 있는 곳은 도시 빈민들이 사는 지역이었는데, 지역민 20만 명이 피해를 입었다. 1986년에 발생한 우크라이나 체르노빌 핵발전소의 원자로 폭발 사고 후유증은 30년이 지난 지금도 계속되고 있다. 1989년에는 알래스카 앞바다에서 엑손 발데즈호가 원유 4200만 리터를 유출하는 사고를 일으켰는데, 해상에서 발생한 사고 중 최악의 환경 사고로 기록되었다.

1980년대에 일어난 이 대형 환경 사고들이 사회학자들의 관심을 불러일으킨 까닭은 무엇일까? 사회학적 상상력을 동원한 사회학자들에게 환경 피해는 불평등의 문제로 인식되었다. 인도 보팔의 화학 공장 폭발 사고만 해도 피해자인 지역 주민들에게 지금까지도 적절한 보상이 이뤄지지 않고 있다. 이 공장을 설립한 미국의 다국적기업 유니언카바이드는 자국민(미국인)의 환경의식을 피해 저항력이 약한 저개발국의 빈민 지역을 공장 부지로 선정한 것이었다. 체르노빌 사고와 엑손 발데즈호 사건은 사람은 물론이고 다른 생물들의 삶터까지 파괴했다.

지금까지 살펴본바와 같이 개인과 사회의 인과관계를 관찰하는 사회학자들은 사회문제의 범주를 물리적 환경으로 확대할 수밖에 없었다. 인간의 행위 때문에 물리적 환경이 크고 작은 피해를 입는다는 것은 앞서 말한 사례들이 충분히 증명했으리라.

미국의 사회학자 라일리 던랩은 1970년대 말 최초로 환경사회학이라는 분야를 출현시켰는데, 그는 기존의 사회학이 인간의 지혜와 기술로 모든 사회문제를 해결할 수 있다고 보는 점이 문제라고 지적했다. 앞으로의 사회학, 즉 환경사회학은 인간중심주의 패러다임을 버리고 신생태주의 패러다임으로 환경과 사회의 상호작용을 연구해야 한다고 주장했다. 던랩의 신생태주의 패러다임의 핵심 내용은,

엑손 발데즈호에서 흘러나온 기름 때문에 목숨을 잃은 수달

인간도 거대한 생태계의 한 구성원일 뿐이며, 자연은 인간을 위한 도구로서의 가치와 상관없이 자연 그 자체에 본연의 가치가 있으므로 그것을 존중해야 한다는 것이다.

정리해 보자. 사회학의 탄생은 근대 세계의 형성과 밀접한 관계가 있었다. 그리고 합리적 이성에 대한 투철한 믿음을 가진 인간들이 구성한 사회와 그 사회의 변동을 연구하는 학문으로서 독자성을 인정받게 되었다. 사회는 급속한 산업화를 거치면서 사회 내부의 갈등을 일으켰을 뿐만 아니라, 이제는 인간 사회를 지탱하는 물리적 환경과도 충돌하고 있다. 근대 산업 문명이 낳은 환경문제는 사회적 요인이 가장 큰 원인으로 작용했다. 환경 위기는 인간 사회에 부메랑이 되어 돌아와 또 다른 갈등을 일으킨다. 때문에 사회학은 인간 중심주의였던 전통적 패러다임을 폐기하고 생태주의 패러다임으로 전환할 것을 요청받고 있다.

마지막으로 한 가지 유의할 점을 짚어 두고 싶다. 서구 근대사회 태동부터 초기 사회학의 입장 그리고 환경사회학까지, 마치 사회학의 발전사를 이야기한 것 같아 보인다. 사회학의 변천 과정을 단선적인 발전이나 점진적 진화의 양상으로 이해하는 것은 옳지도 않고 바람직하지도 않다. 사회학의 모든 시도는 그 시대의 형편에 맞게 사회를 보는 관점이었다는 측면에서 모두 유효했다. 한 이론이 다른 이론보다 나중에 나왔다고 해서 전자를 극복한 우월한 이론이라고 할 수는 없다. 어쩌면 우리는 기능주의, 마르크스주의, 생태주의,

그리고 마땅히 폐기되어야 할 이론으로 취급하는 인간중심주의까지 이 모든 이론을 병행할 때에야 비로소 '사회학적 상상력'을 한층 더 풍요롭게 펼쳐낼 수 있을지도 모른다. 사회학의 범주가 '생태'라는 전 생명의 장으로까지 확장된 지금, 모든 가능성을 열어 두어야 전체의 모습을 더 정확하게 그려낼 수 있지 않을까. 사회학자에게는 지성과 함께 편견 없는 포용력, 폭넓은 관심, 따스한 지혜가 두루 절실히 요구된다.

땅은 죽고, 우리는 아프다

일단 우리 땅에서, 내 바로 옆에서 일어나고 있는 환경문제, 또는 관련된 사회문제와 현장부터 살피자. 먼저 먹거리.

불과 몇 해 전, 중국에서 발생한 '멜라민 분유 파동'은 아기들의 먹거리에까지 해로운 유기화학물질을 섞었다는 점에서 더욱 심각하게 느껴졌다. 중국 정부는 사형이라는 극단적인 처벌을 집행했지만 그마저도 근본 대책은 아니었다.

먹거리를 스스로 생산해 먹지 않는 현대인들이 생산자를 믿지 못한다면 무엇을 먹을 수 있단 말인가? 멜라민 없는 간식을 주겠다며 엄마들이 아이들에게 직접 과자를 만들어 먹인다고도 한다. 농약과 방부제로 범벅된 밀가루, 고기 찌꺼기를 갈아 넣은 사료를 먹은 소가 생산한 우유 등 재료가 이미 오염되어 있다면 직접 만들어 먹인다 해도 안심할 수 없다.

하루가 멀다 하고 보도되는 식품안전 문제에 부딪히면서도, 더 많은 FTA를 맺어 값싼 농산물을 수입해 경제성장을 하자고 한다. 자동차, 휴대폰, 반도체의 수출이 부진하면 나라가 위험에라도 빠진 양 떠들어대면서도 식량자급률이 형편없이 낮은 것에는 신경 쓰지 않는다.

인류가 화석연료를 지펴서 생긴 온실가스가 바닷물의 표면 온도를 높이는 바람에 허리케인은 과거보다 자주 생긴다. 지구 곳곳은 가뭄과 사막화, 홍수 같은 이상기후 때문에 재해가 수없이 늘어나고 있다. 많은 농경지가 불모지로 변해 세계 인구 중 5억 명이 먹고 살던 경작지를 잃은 지 오래다.

유엔 보고서는 식량 부족에 부닥친 나라가 점점 늘어나고 있다 한다. 한국의 곡물 자급률은 25%가 안 된다. 그나마 쌀을 빼면 5% 아래로 떨어진다. 다들 그렇게 살겠지, 우리 같겠지 싶은가? 프랑스의 곡물 자급률은 329%다. 체코는 199%다.

우리나라의 경우 쌀 생산량은 늘었지만 소비는 급격히 줄었다. 20년 전에는 일 년에 한 사람이 평균 130킬로그램 정도를 먹었는데, 이제는 쌀 한 가마인 80킬로그램도 채 안 먹는다. FTA로 값싼 수입 농산물이 마구 들어오니 국내산 쌀 소비는 더욱 줄어든다.

수입 농산물의 싼 가격은 언제까지나 유지될까? 이와 같은 상황에서도 나와 다음 세대의 식량 안전과 건강은 보장될까? 쌀 소비가 줄어드는 만큼 우리의 식량 자급률도 해마다 떨어져, 놀랍게도 2004년에 이미 우리는 식량의 73%를 수입해 왔다.

우리의 식량 주권이 다국적 곡물회사의 손에 좌지우지되고 있는 마당에, 몇 해 전 소작을 하던 친척이 농사를 쉰다고 했다. 나는 그 말을 듣고 농사짓기가 힘드신가 보다 했는데 그게 아니었다. 농사를 짓지 않고 땅을 놀리면 정부에서 지원을 해 준단다.(놀랍다!) 식량 수입에 쓰는 외화가 얼만데, 이건 또 무슨 소리인가? 국내 재고미 문제를 해결하기 위해 우리 농민이 논농사를 쉬면 일정 금액을 보상해 주는 휴경논 제도란다.(요지경이다!)

식량 자급률은 25%도 안 되는 나라에서 농민은 농사를 짓지 않고, 패스트푸드를 많이 먹은 아이들은 성인병을 앓고 있다. 우리는 무엇을 위해 버젓이 있는 우리 논밭을 쉬게 하고, 각종 개발 사업을 한답시며 논밭을 아스팔트로 뒤덮어 버리는 걸까?

만약 벼농사를 포기한다면 장마철에 쏟아지는 그 많은 물을 어디에 가두어 둘 것이며, 무엇으로 홍수를 조절할 것인지를 생각해 보라. 홍수 때 전국의 논에 가두어 둘 수 있는 물의 양이 춘천댐 총 저수량의 24배인 36억 톤이나 되고, 논에서 지하수로 스며드는 물의 양은 전 국민이 1년간 사용하는 수돗물 양의 2.7배, 소양댐 총 저수량의 8.3배나 된다고 한다. 어디 이뿐이겠는가. 벼농사를 영위함으로써 얻어지는 국토

의 토양 유실 방지 효과, 공기나 수질의 정화 효과, 생물생태계의 유지
보존 효과 등과 같은 공익적 기능을 돈으로 계산하면 연간 13조 원이
넘는다고 한다.

— 손재근, 「벼농사를 지켜야 하는 이유」

『땅에 뿌리박은 지혜』, 그물코 편집부 엮음, 140~141쪽

손재근은 이제 보편적 지식이 되어 버린 벼농사의 공익적 요소를
저토록 소상히 말해 주고 있다.

이웃 나라 일본에서는 논에 저장되는 물이 600개 이상의 댐에
갇혀 있는 물 총량의 1.7배나 된다고 밝혔다. 논에 담겨 있는 만큼
의 물을 모두 댐에 저장하려 한다면 연간 77억 달러의 비용이 들
것이란다. 사실상 벼농사로 얻을 수 있는 이런 공익적 기능은 액면
가 이상이다. 우리 조상들이 굳이 쌀을 주식으로 한 것도, 논농사
를 지은 것도, 그저 입에 풀칠하기 위한 것만은 아니었다. 우리 기후
며, 우리 체질이며, 실험에 실험을 거듭해 이루어낸, 수천 년을 내려
온 지혜의 소산이다.

책을 읽고 지식을 쌓는 것 이상으로 중요한 것이 조상들의 지혜
를 계승하는 것이다. 유사한 예로 세계인들이 탄복하는 온돌과 숨
쉬는 흙집의 지혜를, 후손인 우리는 편리하다는 명분으로 고층아파
트 시멘트 덩어리를 위해 가차 없이 버렸다. 세련된 인테리어로 도배
된 아파트에는 냉방을 위한 에어컨, 공기 정화와 순환을 위한 공기

봄의 절기 중 하나인 청명이 다가오기 전에 농부는 한 해 농사 준비를 마친다. "청명에는
부지깽이만 꽂아도 싹이 난다."는 옛말이 있다. 그럴 정도로 봄의 대지는 생명을 키워낼 기
운으로 충만해진 상태에 있다. 모내기를 끝낸 논을 바라보는 농부의 마음을 상상해 보자.
다음 절기인 곡우는 곡식을 위해 천지가 비를 마련한다는 절기이다.

청정기, 실내 건조를 막기 위한 가습기, 장마철 습기를 제거하기 위한 제습기 따위가 어느새 필수 가전이 되었다. 아이들의 피부 가려움증인 아토피는 음식에서 온 병이기도 하지만, 주거 환경도 큰 요인이다. 가정 내 위생과 청결을 위해 각종 가전제품을 대여해 준다는 회사들의 광고만 무턱대고 믿지 말고 근원적인 곳으로 시선을 돌려야 할 때이다.

농약과 화학비료에 의존하는 농사는 얼핏 편리하고 수확도 높은 듯하지만 얼마 못 가서 농업의 기반인 지력이 한계에 이르고 만다. 한계를 극복해 보겠다고 유전자 조작도 해 본다. 하지만 유전자 조작 씨앗GMO은, 일단 면역력이 매우 약해서 외부 환경에 노출되었을 때 병충해에 걸리기 쉬워 더 독한 농약을 더 많이 뿌려 주어야 한다. 그러나 더 독한 농약에 내성이 생긴 슈퍼 잡초가 새로 생겨서 더더 독한 농약이 필요하다.

화학비료와 농약의 남용으로 많은 농민들은 중독 증세를 앓게 되고, 때로는 목숨을 잃는다. 우리나라에서는 하루에 10명 정도가 농약 중독으로 사망한다. 심지어 OECD(경제협력개발기구) 국가별 농약 사용량 1위까지 차지했다. 흙도 서서히 병들어 죽어 간다. 그 땅에서 자란 동식물을 우리와 우리 아이들이 먹는다.

아버지가 어릴 적엔 그냥 마셨다는 논물, 이젠 '택'도 없는 소리다. 서양은 물이 좋지 않아 오래전부터 과일즙을 물 대신 먹거나 과일주를 만들어 먹었다. 각종 주스와 와인, 맥주가 그것이다. 석회질이 많은 물을 평생 먹은 영국 노인네들은 다리가 굵어지고 울퉁불퉁해진다. 거기서는 아무리 좋은 찻잎을 공수해 차를 내어 마셔도 맛이 나지 않는다. 연수가 풍부해 물이 최고로 좋은 나라가 바로 우리나라였다. 헌데 이제는 집집마다 정수기 물을 먹고 있다. 2009년 대구광역시의 수돗물에서 세계보건기구 권고치를 초과하는 다이옥신이 검출되었다. 그 뉴스를 보고 수자원공사 직원에게 물었더니 가뭄 때문에 구미공단에서 방출하는 각종 오염물질의 농도가 높아졌기 때문이라고 답했다. 지구에서 가장 좋은 물을 가진 나라라는 사실이 그토록 소중한 것인 줄 그때는 미처 몰랐다며 자책하는 수밖에.

농토가 죽으니 나도 아프고 우리 미래도 없다는 주장이 지나친가? 식량 자급률이 25%인 한국 아이들은 쌀이 어디서 나냐고 물으니 "마트에서요." 한다. 식량 자급률 148%인 독일 아이가 흙을 만지고 있다. 지렁이를 보고 있다. 거기 지렁이가 뭘 하고 있냐는 질문에 또박또박 "땅을 숨 쉬게 하고 있어요." 한다. 서울에 사는 또래 아이는 지렁이를 눈으로 본 적이 없다. 시골에 사는 아이들도 학업에 열중하느라 지렁이에게 별 관심이 없다.

행여 아이들이 땅에, 농사에 관심을 가지고 '촌'을 지키겠다 하면 부모가 기겁한다. 자식들을 대피시키듯 도시 어느 구석에라도 들여놓기 위해 목숨 바쳐-각종 농약에 노출되어 진짜로 목숨 걸고-자식들을 가르친다. 아이들은 학교를 졸업하고 막막한 도시에 편입

되어 하루하루를 헉헉거리며 전전긍긍 버틴다. 땅은 죽고 우리는
아프다.

냉장고라는 사회학적 문제

가정용 냉장고는 1913년 미국에서 처음 보급되었다. 우리나라는
1960년대에 금성사(지금의 엘지전자)에서 내놓은 냉장고가 최초였는
데, 당시에는 그것이 부의 상징이었다. 지금 냉장고 없이 사는 집은
거의 없다. 모두가 부유층이 된 것도 아닌데 그렇다. 말 그대로 생활
필수품이기 때문이다. 하지만 현대인의 냉장고 구매 행위는 반드시
'냉장'이라는 가치의 필요에 의해서만 결정되지는 않는다.

단적인 근거로, 가능하다면 용량이 더 크고, 더 새로운 기능을 장
착하고, 거기다 멋진 디자인의 '신상'을 사고 싶어 한다. 구매 행위
를 하면서 은연중에 부와 지위를 드러내게 된다. 비단 냉장고를 살
때만 그런 것도 아니다. '자본주의 꽃'이라 하는 광고는 그러한 구매
욕구를 끝없이 부추기고 주입한다.

1~2인 가구가 점점 더 늘어나고 있다. 2010년대 들어 전체 가구
수의 반을 훌쩍 넘었다. 몇 보 양보해서 4인 가족을 기준으로 잡아
도 그토록 큰 냉장고에, 김치냉장고까지 갖추고 난 후에라야 김장
을 담글 수 있다고 생각하게 된 건 언제부터일까.

내가 아프리카 케냐에서 지낼 때였다. 임신을 하고 한창 입덧으로 고생하던 차에 하필이면 시원한 물김치가 너무도 먹고 싶었다. 아쉬운 대로 거기서 구할 수 있는 배추, 소금, 마늘, 생강만 가지고 물김치를 담가 이틀 정도 두었더니 잘 익었다. 그늘에 두었다 먹으면 차지는 않아도 시원했다. 그걸 5일째 먹으니 폭 삭은 국물 한 숟갈까지 다 비웠다. 그러다 또 먹고 싶으면 다시 담가 먹었다. 여러 종류의 양념이 많이 들어가는 배추김치를 그렇게 자주 담가 먹는다면 사실 귀찮은 일이겠다. 하지만 편리성을 위해 옷장만 한 김치냉장고를 들여놓아야 한다는 것이 나로서는 잘 이해되지 않는다.

한때 냉장고 작동 매체인 염화불화탄소 계열의 냉매제, 프레온가스CFC 때문에 세상이 시끄러운 적이 있었다. 냉장고 개발 초기에는 냉각용 기체로 암모니아나 이산화황이 쓰였다. 하지만 이 두 가스는 독성과 악취 때문에 냉각 가스로 알맞지 않았다. 동시에 냉장고의 대중화를 위해서라도 매우 '저렴한' 화학물질이 필요했다. 경제 논리로 계산되어 단시간에 만들어진 프레온가스는 단열에서도, 금속 물질 부식이나 플라스틱에 대한 영향에서도 아주 강한 이상적인 냉매제였다. 하지만 프레온가스가 주입된 냉장고와 에어컨이 전 세계적으로 수천만 대(2008년에만 냉장고 8500만 대 판매)가 팔려 나가면서 환경문제를 일으켰다.

프레온가스가 대기를 순환하며 만들어내는 염소 원자 하나가 오존 분자 10만 개를 파괴했다. 그 결과 오존층에 구멍이 생기기 시작했다. 프레온 냉매제 사용 이후 남극 오존층에 생긴 구멍은 커져 갔고, 온실효과를 심화하는 기체라는 사실까지 밝혀지면서 대체 냉매제 생산의 시급성을 운운한 때가 있었다. 해서 부탄이나 천연 가스 등을 활용한 대체 물질이 개발되었다. 그러나 이것 역시도 완전히 안전한 냉매제가 아니었으며, 온실효과 또한 일으키고 있다.

냉장고는 냉매제만 문제가 되는 것이 아니다. 녹색 생활 관련 교육이 활발해져 안 쓰는 전기제품의 플러그 뽑기 정도는 이제 기본 실천 과제가 되었다. 하지만 365일 24시간 절대 플러그를 뽑을 수 없는, 한순간도 쉼 없이 전기를 소비하는 것이 있으니 바로 냉장고다.

이 전기 먹는 괴물이 생필품이 되었으니 우리는 더더욱 친환경 재생에너지 개발에 힘써야 한다는 주장이 있다. 화석연료나 핵발전으로 생산되는 전기가 아니라 태양열, 풍력, 지열 등을 활용한 재생에너지 말이다. 맞는 말이다. 신재생에너지에 대한 관심은 더 가져야 마땅하다. 하지만 한 걸음 더 들어가 생각해 보면 과시형 소비 행태에 빠진 우리에게, 지금의 소비 행태는 그대로 유지한 채 에너지를 생산하는 발전소만 친환경적이면 되겠느냐고 묻고 싶다.

환경 분야 전문 연구기관인 월드워치연구소는 해마다 환경 분야 최고 권위를 자랑하는 「지구환경보고서」를 발간한다. 2010년 「지구환경보고서」에 따르면, 지금 우리가 쓰고 있는 에너지를 모두 재생에너지로 생산하려면 전 세계가 앞으로 25년 동안 매초 200제곱미터의 태양광 발전 패널을 만들고, 매초 100제곱미터의 태양열 발전소를 짓고, 또 매시간 3메가와트의 풍력 터빈 24개를 쉬지 않고 건설해야만 가능하다고 한다.

지금의 에너지 소비량을 유지한 채 재생에너지로 전환할 것만 주장한다는 것은 이처럼 막대한 모순을 부른다. 재생에너지와 마을에너지 같은 대안 에너지 체제에 관심을 갖는 것과 동시에 작금의 소비 행태에 대한 반성이 필요하다.

식품 가공 회사와 대형 마트는 엄청난 구매력으로 싼값에 대량의 농축산물을 소비자에게 공급한다. 덕분에 소비자는 필요한 양보다 늘 더 많이 사고 있다. 하나를 사니 하나를 더 줘서 싼 맛에, 또는 값이 오를 것에 대비해 잔뜩 사서 냉동실에 차곡차곡 쌓아 두는 알뜰한 소비자가 된다. 싼값에 샀다는 성취감을 맛보게 해 준 그 음식 재료들을 비싼 전기세 물며 보관하고 있다는 생각은 안 해 봤는지……. 식구도 많지 않은데 이렇게 쌓아 두는 이유가 뭘까?

열심히 먹어 치우기는 해도 필요 이상으로 샀기 때문에 여전히 음식은 많고, 많으니 더 먹고, 더 먹으니 살이 찌고, 마침내 건강도 나빠진다. 때로는 열심히 꺼내 먹는데도 냉장고 구석에서 오래된 음식물이 발견되곤 한다. 그건 어쩔 수 없이 버려야 한다. 먹다 남은 음식 찌꺼기가 아니라 완전히 새 음식인데 먹기에는 꺼림칙해서 버려지는 쓰레기인 셈이다.

그러자 이제는 음식의 유통기한까지 꼼꼼히 알려 주는 모니터가

붙은 냉장고가 새로 등장했다. 옳다구나 하고 멀쩡한 냉장고를 이 똑똑한 신제품으로 바꿔야 할까? 가축을 항생제로, 채소를 살충제로, 식품을 첨가물로 가공하는 것이 합법적이고, 냉동냉장시설을 쓰지 않는 산업 과정이 불법으로 취급되는 까닭을 생각해 보자. 규모의 경제에 근거한 대기업과 소규모 식품가공업 간의 관계를 생각해 보자. 대안을 묵살하고 이미 존재하는 대안의 성장조차 가로막는 까닭이 최첨단 냉장고와 무관할까.

가정용 냉장고가 지금처럼 상용화되기 전에는 도대체 어떻게 살았을까? 어른들께 여쭤 보았더니 이렇게 설명하신다.

"김치나 장은 옹기에 담아 두었고, 건어물 같은 것도 장독에 차곡차곡 넣어 두면 공기가 통해 보관에 문제가 없었지."

"반찬거리야 그때그때 만들어 먹었지. 남으면 부엌 찬장에 보관했고. 오래 넣어 둘 것도 없이 곧장 다 먹어 치웠어."

며칠 내 먹을 부재료, 예를 들어 보리밥을 짓기 위해 삶은 보리쌀 등은 대바구니에 대강 넣어 바람이 잘 통하는 곳에 두면 살짝 말라서 며칠 동안 두어도 상하지 않기 때문에 한꺼번에 삶아 두기도 했다. 남을 만큼 음식을 많이 했다면 이웃들과 나누어 먹었다. 과일이나 열매류는 제철에 나는 것, 있는 만큼 먹었단다. 남으면 말려서 저장하기도 했지만 거의 다 제철에 소비가 끝났다.

냉장고 없이 산다는 것을 상상하기 어려운 시대가 되었지만, 바로 우리 부모님만 해도 냉장고 없는 시절을 살았다. 노상 듣는 해결책이지만 결국 제철음식, 지역 음식이다. 알다시피 우리는 더운 여름에 시원한 냉면을 찾지만 냉면의 원조인 북한에서는 겨울에 냉면을 먹는다. 시원한 맛이 별미인 동치미도 겨울 음식이다. 저장해 두었다가 겨울에 조금씩 쪄서 먹는 고구마와 동치미는 잘 어울린다. 겨울에 냉면을 먹고 동치미 국물을 마신 것은, 추운 겨울이라야 얼음을 얻을 수 있었기 때문이다.

앞서 잠시 언급한 재생에너지 산업에 사족을 하나 달자. 우리가 서구의 발전 방식을 좇아만 가니 기어이 재생에너지 산업까지도 우리 실정을 무시하고 앞뒤 없이 따라 하기에 급급한 모습이다. 찬찬히 살펴보면 재생에너지 산업을 추진하는 많은 나라들은 자국의 실정에 맞는 에너지 체제를 개발함과 동시에 과거의 유물인 중앙집중식 그리고 거대 자본 위주의 에너지 발전 방식에 대한 반성을 하고 있다. 때문에 에너지 효율 향상과 더불어 소규모 분산적 설비 투자를 대안적 방식으로 채택했다. 우리도 우리에게 맞는 에너지 체제를 세우고자 할 때 배우고 들여와야 할 내용은 이런 것이다. 어째서 늘 골자는 빠뜨리는 건지. 좋은 본보기를 좇아서 배운다는 것이 남들이 이룬 결과를 그대로 똑같이 적용하는 것은 아닐 텐데 말이다.

공익을 위한 개발이 추진되기 위해서는 충실한 과정이 그대로 내용이 되어야 한다. 그러한 고갱이는 쏙 빼고 외피만 들여오는 탓에 언제나 왜곡 현상을 겪는 것이 우리 현실이다. 더구나 피해는 언제나 약자에게 고스란히 돌아가는 것이 환경문제의 특성이기 때문에 현재의 에너지 생산·소비 구조를 에너지원만 바꾸어 유지해서는 안 된다. 지역의 에너지 자립도와 사회적 형평성을 함께 챙겨서 진정한 에너지 체제 전환을 이루어야 한다.

냉장고가 그냥 냉장고가 아니다. 이 냉장고 안에 기후변화, 식량 문제, 에너지 파동, 고용 불안, 사회 양극화 등등 거의 모든 사회문제가 다 들어 있다. 그런데도 지금까지 우리는 내 목구멍으로 들어가는 딱 거기까지만 생각했던 것이다.

"교수님, 그렇다고 냉장고가 없던 시절로 돌아갈 수는 없잖아요."

학생의 지적은 온당하다. 환경운동가나 생태론자들이 곧잘 듣게 되는 반론이기도 하다. "그래서 어쩌자는 건가요?" "원시시대로 돌아가자는 건가요?" 그들도 내가 그런 주장을 하는 것이 아니란 것쯤은 다 알지만, 물질적 이기와 편리함을 포기하고 사는 것이 가능한지에 대해서 우리는 아는 바가 별로 없다.

텃밭에서 제철음식을 키워서 먹고, 이웃과 함께 나누고, 아파트 앞뜰에 장독을 묻을 수 있게끔 제안해 보면 어떨까? 귀농을 해야만 가능한 일일까? 도시에 살면서도 시골 같은 생태도시를 만들면 안 될까? 그것은 꿈에서나 가능한 에코토피아일까? 공동 주거를 하고 공동 냉장고를 이용하는 방법도 있는데, 개인주의가 만연한 이 시대에 이 또한 유토피아적 발상이겠지?

하지만 이러한 이상을 현실에서 실천해 나가는 이들이 점점 많아지고 있다. 지속가능하게 사는 것이 쉽고, 지속가능하게 살지 않는

푸세식 화장실은 지독한 냄새 때문에 주거 공간과 분리된 실외에 설치해야만 했다. 핀드혼 마을의 실외 푸세식 화장실에는 뚜껑이 달린 수세식 변기를 앉혀 거부감이 느껴지지 않도록 만들었다.(위) 이제는 생태 건축 기술 덕분에 실내에 푸세식 화장실을 설치하는 것도 가능해졌다.(아래) 흔히 보던 수세식 변기와 똑같지만, 뚜껑을 열어 보면 물이 없다. 볼일을 본후 톱밥을 조금 넣을 뿐인데, 믿기 어렵겠지만 냄새가 나지 않는다.

것이 귀찮은 일이 되도록 애쓰는 이들이 늘고 있다. 서울에서는 이미 도시 농부, 옥상 텃밭, 노들 텃밭 같은 말이 낯설지 않다. 경기도 남양주는 아시아 슬로푸드 운동의 중심이 되었다.

유럽에서는 대안을 꿈꾸는 사람들이 모여 생태적인 마을을 꾸려놓고는 퇴비를 얻기 위해 푸세식 화장실을 만들고 거기에 수세식 변기를 앉혀 놓는다. 앞서 언급했던 자연 폐수처리 시설 '리빙머신'이 다양한 건물에 도입된 지도 이미 오래다.

냉장고에 너무 익숙해졌으니 장독을 냉장고 형태로 만들어도 되겠다. '냉장고 하나 쓰는 게 뭐 그리 잘못된 거란 말인가?' 하는 생각이 들고, 지금까지 내가 한 말이 듣기 싫은 쓴소리처럼 들릴 수도 있다. 당장 다 바꾸고 다 포기하라는 말을 하는 것이 아니다. 전문가들이 귀에 못이 박히도록 말하는 것들 중에 아주 쉬운 몇 가지만이라도 실천을 시작하자는 이야기다.

냉장고 얘기였으니 냉장고를 가지고 말한다면, 지금 저마다 집에서 사용하는 그 냉장고만이라도 대형 또는 신제품으로 바꾸지 말고 끝까지 함께 가자. 더 이상 고쳐서 쓸 수 없을 정도가 되면 중고 냉장고를 써 보는 건 어떨까? 중고가 싫으면 소형이라도. 내가 그 정도라도 실천하면 다음 세대는 분명히 지속가능한 집과 마을에서 냉장고 없이도 풍족하게 살아갈 수 있을 것이다. 환경사회학자는 이런 모습들을 상상하면 가슴이 설렌다.

자동차 안의 환경문제

자가용 없이도 잘 산다고 우기는 우리 가족마저도 귀가 쫑긋해지는 하이브리드 자동차가 판매되고 있다. 연비도 높고 대기오염도 줄이니 앞서가는 차라고 광고한다. 차량을 움직일 더 나은 방법은 계속 개발되고 있다. 자동차 업계도 환경의식을 고려하기 시작했나 보다. 단거리 이동에는 전기를 이용해 석유 배기가스를 줄이고, 장거리 운행 때는 충전소보다 쉽게 찾을 수 있는 주유소를 이용하면 된단다.

당신의 품격을 드러내는 것이 자가용이라는 광고도 냉장고와 마찬가지로 과시적 소비를 부추기는 데 한몫을 해 왔다. 배기가스 배출의 주범 중 하나였던 자동차가 이제는 환경을 생각하는 '개념 있는' 교통수단으로 거듭난다. 왠지 나도 녹색 정책에 부합하는 그런 차를 몰아 줘야 할 것 같다.

여기서 정신줄을 잡아야 한다. 상업광고는 공익광고가 아니다. 그건 어디까지나 상품 구매욕을 자극하는 것이 목적이다. 하이브리드 자동차 광고는 환경을 생각하자고 선전하는 것이 아니라 그런 차를 사라고 유혹하는 것이다. 진짜로 환경을 생각한다면 자가용의 도심 접근을 최대한 막고 대중교통수단과 자전거를 적극 이용하도록 유도하는 것이 옳다.

나는 차가 없다. 경제적으로 여유도 없지만, 여유가 넘쳐나더라도

군이 자가용을 굴릴 생각이 없다. 자가용 없이도 살 수 있다는 것을 증명하고픈 것이 나의 소심한 저항 방식이다. 차 없이도 큰 불편 없이, 별일 없이 잘 산다.

임신 7개월까지 자전거를 타고 다녔더니 주변 사람들의 염려와 지청구가 끊이지 않았었다. "엄마 고집 때문에 배 속 아이만 위험하게 되었네."라며 처음에는 태아 걱정을 해 주더니, 그래도 내가 자전거 타기를 멈추지 않아서인지 나중에는 "저러다가도 출산 후에는 결국 차를 살 수밖에 없다."며 호언장담했다. 우리 아이는 올해 중학생이 되었다. 사람들은 이제 이렇게 말한다. "둘째가 없으니 버틸 수 있는 게야."

자가용도 필수품으로 인식된 지 오래되었다. 도로 건설로 환경이 파괴되고, 자동차 매연으로 대기오염이 심하다는 문제제기는 이제 식상하다는 투다. 또 그 이야기냐며 핀잔이나 듣기 십상이다.

"몰라서 자가용을 끌고 다니는 게 아니에요. 다 알지만, 그럼에도 불구하고 자동차는 더 이상 사치품이 아닌 필수품이라고요."

수긍할 부분도 있다. 자가용은 편리하고 쾌적하다. 가고 싶을 때 원하는 곳으로 갈 수 있는 자유를 준다. 나도 부모님 슬하에서 자랄 때는 주차장에 내려가서 차에 올라탄 후 목적지에 사뿐히 내리기만 하면 그만이었다. 이에 반해 지금은 짐가방을 들고서 버스로 지하철로 옮겨 다녀야 하는 불편함이라니!

이처럼 차량이 물건이나 서비스를 필요로 하는 곳에 운송해 준

덕에 삶이 편리해진 것은 엄연한 사실이다. 버스, 기차, 비행기, 배 등 모든 운송수단은 분명히 인류사의 획기적 발명품이다. 1800년대 말에 발명된, 석유로 움직이는 엔진은 1920년대에 대량생산되기 시작한 자동차의 심장이 되어, 세상을 차량으로 뒤덮었다. 현재 지구상에는 8억 대가 넘는 자동차가 도로를 누빈다.

생활의 편리성을 증대시키기 위해 이용하는 대부분의 운송수단이 석유를 태워서 움직이는 탓에 각종 배기가스와 미세먼지 등 공기 속 화학물질들은 호흡 곤란, 가슴 통증, 천식, 폐암 따위를 유발하고 지구온난화를 가중시킨다. 대기오염이 모두 자동차 매연 때문에 발생하는 것은 아니지만 차량은 도심에서 많이 이용되기 때문에 대기오염의 주범으로 지목된다. 온실가스의 주범인 이산화탄소 배출량의 절반은 자가용이 뿜어내는 배기가스에서 나온다. 여기에 오토바이와 화물차를 합치면 배출량의 4분의 3을 차지한다.

자가용 이용을 자제한다면 도로를 점령한 자동차 수는 줄어들 것이고, 연간 130만 명의 생명을 앗아가는 교통사고도 감소할 것이다. 결과적으로 대기오염도 훨씬 줄어들 것이다. 이런 간명한 방도가 있어도 대부분의 사람들은 자가용을 너무나 좋아해 엎어지면 코 닿는 곳을, 석탄과 석유로 만든 도로에, 석유로 움직이는 자가용을 끌고, 보행자들에게는 배기가스를 마시게 하며 달린다.

환경오염 방지를 위해 석유를 대체할 바이오연료 개발도 한창이다. 바이오 디젤과 바이오 에탄올로 대표되는 바이오 연료는 동식물로부터 에너지를 얻는다. 바이오 디젤은 동물 지방 또는 대두나 야자유 같은 식물성 기름을 이용하고, 바이오 에탄올은 알코올의 일종으로 옥수수나 풀, 나무 등 식물로 만들 수 있다.

그럼, 바이오 연료가 지금까지 말한 모든 문제를 해결해 줄까? 바이오 연료는 재생 가능하다. 하지만 이 역시도 이산화탄소를 배출하며 추가로 이산화질소를 만들어내는 것이 문제다. 이산화탄소의 온실효과보다 300배나 더 해로운 영향을 주는 기체가 이산화질소이다. 또한 바이오 연료를 생산하기 위해 그 원료가 되는 곡물을 더 많이 심어야 한다. 곡물 생산을 위해 필요한 농지를 만들어야 하고 이 때문에 숲이 파괴되고 있다. 숲이 사라지면서 동식물도 함께 사라진다. 생물 다양성이 위협을 받는다는 뜻이다. 그리고 바이오 연료를 생산하기 위한 대규모 공장식 농업은 소농들을 또다시 소외시킨다. 요컨대, 바이오 연료 생산이 능사는 아니라는 말이다.

기근에 시달리는 사람이 먹을 수 있는 곡물을 가축 사료로 쓰는 것도 문제라며 육식을 하지 말자는 채식주의자들이 있다. 식량 부족이란 없으며, 다만 식량의 불공정한 분배 문제가 있을 뿐이라는 주장도 옳다. 이런 마당에 곡물을 재배해 자동차 연료로 사용한다는 사실은 논란거리가 아닐 수 없다.

앞서 말한 하이브리드 자동차도 마찬가지다. 배기가스를 배출하지 않는다는 그 전기 엔진을 가동하기 위해서는 전기가 필요하다. 전기는 화석연료 또는 핵연료를 이용해 만들고 있다. 전기를 재생에너지 자원으로 만들면 문제가 적겠지만 현재 소비 수준 정도를 감당하기 위해 재생에너지 시설을 건립하는 데 드는 전력에너지를 감안하면 과연 대안인가 싶다. 효율성이 증가하면 소비가 증가한다는 '제번스의 역설'이 옳다. 연비가 높은 자동차가 개발되어 판매될수록 사람들은 차를 더 많이 몰게 되는 것이다.

대안 기술도 대안이 되지 못한다는 점을 지적하는 것이 아니라 지금 우리의 소비 수준과 생명에 대한 인식 수준으로는 대안도 그 역할을 제대로 하기 어렵다는 말이다. 더군다나 자동차 산업이 친환경이라는 옷을 입으니, 돈으로 도덕적 부담을 덜 수 있다고 소비자를 꾀는 궤변으로밖에 보이지 않는다.

그렇다고 자가용 대신 활용하자고 제안하기도 참 민망한 것이 한국철도의 대표 주자 KTX다. 함께 나눠 타기 때문에 자가용보다 훨씬 바람직한 교통수단이라고 하기에는 자가용만큼이나 자기모순이 심각한 탓이다. 사업 초기에 환경영향평가를 제대로 하지 않은 채 불도저식으로 강행하는 바람에, 우리나라 최초로 '도롱뇽 소송'이라는 자연의 권리 소송이 제기되었다.

서울에서 경주까지 KTX를 타고 갈 일이 있었다. 경주역에 도착하자 객실 천장에 설치된 모니터에 "고객님은 오늘 소나무 10그루를 심으셨습니다."라는 문구가 나타났다. 내가 실제로 나무를 심은 적이 없으니, 고속철을 이용함으로써 나무 10그루를 심은 '효과'를 냈다는 사실을 승객들에게 알려 주는 것이다. '눈 가리고 아웅

한다'는 게 이 경우다. 10분 간격으로 운행되는 KTX는 사람들을 평소보다 더 자주 움직이게 만들었다. 그 빈도수는 고려치 않고 다만 기차가 자동차에 비해 이산화탄소 발생량이 적기 때문에 지구온난화 예방에 크게 기여했다 하니 어이없을 뿐이다.

전국 '한 시간 반' 생활권 시대를 열었다는 KTX는 지역 상권까지 흔들어 놓았다. 이전에 놓여 있던 철로와 작은 역들은 마을과 마을을 잇고 대량수송의 역할을 해 친환경 교통수단이라 이를 수 있었다. 그런데 지금은 어떻게 되었을까? 작아도 역할이 막중했던 그 역들은 그저 스쳐 지나가는 역이 되었으며, 야속하게도 KTX는 10분 단위로 쌩쌩 지나다니는 탓에 지역민들은 소외감만 커질 뿐이다.

이도저도 문제라고만 지적하니 슬슬 짜증이 날 만도 하다. "차라리 뭘 하라고 실천적 지침을 주세요!" 하는 고함 소리가 들리는 듯하다. 그런 거라면 얼마든지 있다.

"짧은 거리는 자전거를 타거나 걸어 보세요. 건강에도 좋을 뿐만 아니라 자연에서 벌어지는 많은 일들을 관찰할 수 있어 재미도 있답니다. 자동차를 운전할 때보다 백배는 더 저렴하잖아요. 환경을 위한다는 사실만으로도 보람을 느끼죠. 자동차를 꼭 이용해야한다면 함께 타세요. 차가 내 존함이고 명함이 아니니 대형 고급 세단 말고 소형 하이브리드 자동차를 타세요." 등등…….

교과서에 나오는 뻔한 제안이다. 물론 아무것도 하지 않는 것보다는 작은 실천이라도 당장 시작하는 것이 옳다. 그렇지만 근본적인 인식이 바뀌지 않는 한, 그리고 사회구조가 변하지 않고서는 언 발에 오줌 누기가 아닐까. 인도는 부족하지만 차도 조성율은 세계 1위이고, 자전거를 안전하게 타려면 4대강 변에 인위적으로 조성된 도로까지 차로 가야 하고, 대안적 교통수단인 철도마저 더 빨리 더 자주 서울만 오고 가게 만들었다.

무엇을 위한, 누구를 위한 것인지 알 수 없는 인식과 구조이다. 자가용을 끌고 다니지 않는 노인이나 어린이, 오로지 대중교통에 의존하는 수많은 시민들이 당연히 누려야 할 안전한 보행의 권리도 묵살당해 버린다. 이러한 자동차 중심성에 대한, 기계 중심 그리고 성장 중심에 대한 반성이 절실하다. 과연 누구를 위한 편리성인지 생각해야 한다.

자동차 밖의 사회문제

다양한 교통수단 중 유독 자가용을 집중 거론하는 이유는, 현대인의 필수품이라는 자가용이 오직 한 사람 또는 극소수 탑승자의 편리만을 위한 교통수단이기 때문이다. 운전자 한 사람을 태운 자가용의 원활한 소통을 위해 도심 한가운데에 넓디넓은 도로를 닦고 보행자들은 육교나 지하도로 다니게 한다.

인도에다 버젓이 주차를 하고도 당당한 자동차 중심의 도로 문화. 그 인도마저도 큰 아파트 단지와 대로변을 제외하고는 제대로 마련되어 있지 않은 곳이 많다. 골목골목에서 종종 보게 되는 '보행자 우선도로'도 빛 좋은 개살구다. 인도가 있다면 당연히 좀 더 안전한 보행권을 확보할 텐데, 보행자 우선도로라는 허울뿐인 배려 때문에 인도 설치는 계속 미뤄진다. 보행자 '전용'도로가 아니기에 자연스럽게 자동차들이 도로를 차지해 버린다.

그러면서도 국토 면적당 도로 면적이 세계 1위인 대한민국의 자가용 운전자들은 쉽게 이런 말을 내뱉는다. "차가 이렇게 많지 않던 예전에는 우리 많이 걸어 다녔잖아. 그때는 공기도 참 좋았고 사람들도 건강했는데 말이지."

엉뚱한 상상을 잠깐 해 보자. 도심 내 10차선으로 닦여 있는 도로를, 두 차선은 인도로, 또 두 차선은 자전거 전용로로, 또 두 차선은 공짜로 탈 수 있는 버스 또는 경전철선에 배정하고, 나머지에는 온통 나무를 심어 숲을 만들자. 골목길은 텃밭이다. 도로에서뿐만 아니라 골목길이나 강변길 등을 이어서 각 지역의 자전거 길로 표시해 두고 또 그렇게 마을마다 이루어진 길이 근처 마을과 연결된다. 이 길은 둑방을 따라서도 있고 기찻길을 따라서도 있으며 숲속을 달릴 수도 있다. 또 강으로 끊어진 자전거 길은 작은 배를 준비해 두어 건네주기도 한다.

물론 도심에는 실생활을 위한, 즉 등·하굣길이나 기차역, 관공서

등을 가는 자전거 길은 당연히 있다. 차가 다니는 도로에는 새로운 신호등 시설이 있다. 보행자가 도로를 건너고자 할 때 신호등에 있는 단추를 누르면 곧장 초록불이 들어온다. 아예 신호등 대신 큰 등을 횡단보도 양쪽에 설치해 두고 사람이 건너고자 하면 차는 무조건 멈춘다.

부럽기 그지없는 이런 교통 체계는 엉뚱하기만 한 상상이 아니다. 유럽 또는 남아메리카에서는 환경문제의 심각성과 자동차 산업의 폐해를 의식한 시민들이 주도해 이미 현실이 된 내용들이다.

그렇게만 되면 오죽 좋겠냐고 기다리기만 하는 것에 길들여진 우리들. 스스로 나서기보다는 국가가 주도해 강제로 단번에 실시되는 것에 매우 익숙한 우리들. 브라질의 쿠리치바, 벨기에의 하설트, 오스트레일리아의 퍼스 등 여러 나라 도시에서는 값비싼 도로를 건설하는 대신, 무료 대중교통을 설치하거나, 한 개의 경레일 전용로로 8개 차선에 맞먹는 수송 능력을 발휘한다. 도로 건설을 포기하는 대신 녹지는 덤으로 얻었다. 그 덕에 도시병을 앓던 아이들이 산촌 유학을 떠나지 않고도 신나게 지낸다. 도시가 시골이다. 횡단보도만 있고 신호등이 없는 모습은 유럽에서는 일반적이다. 사람이, 생명이 우선이라는 의식이 체화되었고, 합의의 과정을 거쳐 교육했기에 가능한 것이다.

영국은 대도시 한복판에서도 사람이나 자전거가 도로를 건너려고 할 때면 신호등에 있는 단추를 누른다. 그러면 조금 뒤 초록불이

들어온다. 한적한 도로에는 아예 신호등 대신 깜빡이는 큰 등을 횡단보도 양쪽에 설치해 두고 사람이 건너고자 하면 차는 무조건 멈춘다. 왜냐고 묻는 것이 이상할 정도로 거기서는 당연한 일이다. 차를 위해 도로를 만들었다는 것 자체가 보행자에게는 참으로 미안한 일인데 사람이 그 길을 건너려 한다면 차는 당연히 멈춰야 한다.

'신호등을 그렇게 만들어 놓았으니 무조건 따르자'라는 생각에서 교통 체계가 그렇게 되었다면, 불평하는 사람도 많고 지키지 않는 사람도 많았을 것이다. 그들에게 보행자, 즉 사람과 생명이 먼저라는 생각을 하는 것은 숨 쉬는 일처럼 자연스럽다.

우리나라 산은 넋을 빼놓을 정도로 멋지다. 서울을 벗어나기 시작하면 버스 창밖에서 나와 함께 달리는 산들! 기차를 탈 때면 창 쪽이 아니라 양쪽 창으로 펼쳐진 산 구경 욕심에 일부러 복도 쪽 표를 산다. 잘 가꾸어진 정원처럼 누가 인위적으로 정리한 것도 아닌데 저절로 조화롭다. 어쩜 저리도 다채로운 정취를 연출하는지! 어여쁘면서도 깊은 맛이 있고, 뽐내는 듯하면서도 우아하고 단아하다. 수려한 나무 한 그루 한 그루가 시선을 사로잡지만, 그 나무들은 이내 다른 나무들과 어울려 수목 군락을 이루고, 다시 숲으로 변신하고, 숲들이 연대해 산이 되고, 산들이 어깨를 겯으니 산맥을 이룬다.

우리나라 국토의 70%가 산이라고 하니 어디를 가나 산이 보이는 것은 당연하고, 별것 아닐 수도 있다. 그래서 산을 보고 자주 감탄하는 나는 타국살이가 오래여서 그렇다는 핀잔을 듣곤 한다. 산에 대한 내 예찬이 유난스럽다고 여겨서인지 짐짓 놀라면서, 도로를 놓아야 하는데 산이 너무 많아서 문제라고 말하는 이도 있다.

그러나 우리나라 사람들이 한국이 석유 한 방울 나지 않는 나라라고 안타까워하는 만큼이나 산이 없어서, 숲이 없어서 안타까워하는 외국 사람들도 많다는 걸 알 필요가 있다. 늘 산을 볼 수 있고, 마음만 먹으면 언제든 가까운 산에 오를 수 있다는 환경! 한국인이라면 그리 어려운 일이 아닌, 백점 만점에 천 점도 줄 수 있는 그 행복! 내가 또 '오바' 한다고 여기실 테지만, 독일의 대문호 괴테도 '이론은 회색일 뿐, 오직 푸르른 것은 나무'라고 말했다는 사실.

이 행복도 잠시, 쏟아져 나오는 차와 인도를 거침없이 달리는 오토바이 덕분에 기차에서 내리자마자 머리가 아파 온다. 케냐의 수도 나이로비, 그곳에서도 도시의 혼잡스러움은 다를 것이 없었지만 그 무질서 속에서도 이건 뭔가 잘못되었다는 느낌은 없었다. 차와 사람이 뒤섞여 있었지만 분명 차보다 사람이 먼저였다. 우리는 끝없이 펼쳐진 산의 아름다움을 의식하지 않고 살 듯, 인도가 없는 것도, 그래서 차는 어디든 멋대로 다니고 사람이 그것을 피해 다녀야 하는 현실을 당연하게 여기는 것은 아닐까?

누군가 대로변에는 인도가 있다고 알려 준다. 그렇다면 도시가 아닌 지방으로 가 보자. 대로인데도 인도가 없어서 사람들이 차도 옆의 갓길을 목숨 내놓고 다니기도 한다. 누가 봐도 인도가 있어야 한다고 생각하는 큰길을 제외하고, 그 밖의 길들을 둘러보라. 없다.

사람 우선인 영국의 교통 체계도 무색하게 만드는 곳이 덴마크의 자전거 도로이다. 사람이 먼저인 것은 너무 당연하고, 사람이 타는 자전거는 자동차 차선과 구분되고 동등한 너비의 차선에서 달려야 안전하다는 것 역시 너무나 당연한 인식이라는 점을 잘 보여 준다.

만약 있다면 그곳은 벌써 주차공간이 되어 있을 것이다. 아차, 아파트 단지 안에는 인도가 있다. 그래서 다들 고공 콘크리트 상자 속에서 살겠다고 거액을 모으나 보다.

바깥 나라에서 태어난 딸아이는 네 살 때 한국으로 돌아왔다. 한동안 인도가 없는 길이 무서워서 벽에 찰싹 붙어 조심조심 게걸음을 하던 것도 옛날 일이 되어 버렸다. 지금은 바로 옆에서 차가 쌩하니 지나가도 끄떡 않는다. 난 여전히 익숙하고 싶지 않아서 짜증이 난다. 차가 다니는 길 옆으로 그 길만큼 넓은 자전거 길이 있고, 또 그 옆에 보행자를 위한 길이 있던 덴마크를 부러워했는데. 해서 자전거와 차를 같은 도로에서 달리게 하는 영국은 아직 멀었다 했는데. 세상에, 우리는 인도조차 없는 곳이 너무 많다. 나는 물어보지 않을 수가 없었다.

"왜 길에 인도를 만들지 않을까요?"

"인도가 없는 모든 길은 보행자 우선도로예요."

보아 하니 한국에서 인도가 필요한 사람은 자가용이 없는 사람들, 그리고 운전할 수 없는 노인과 어린이다. 그들을 제외하고는 모두 집 앞에서 목적지 앞까지 자가용으로 이동한다. 운전자에게는 인도가 없는 게 오히려 편리해 보인다. 그들에게 맞추어 사회가 조직되므로 너도나도 자가 운전자가 되려고 한다. 차 없는 사람은 왠지 열등감을 느끼고, 운전면허가 없다는 사실을 감추고 싶어 한다.

근대를 추동한 인문주의는 인간 우선주의로 변질되었고, 인간의 범주는 가족 안으로 협소해지면서 가족 이기주의가 팽배해졌다. 이런 형국이니 대안 교육, 유기농 식품 등 새로운 삶의 양식을 찾기 위한 방편으로 시작된 것들도 '웰빙' 상품으로 전락하거나 부유층을 위한 사치재로 그 의미가 퇴색되고 있다.

다들 그냥 그렇게 산다는 식의 핑계 그만 대고, 그만 미루고, 생명이 먼저인 시민의식을 오늘, 지금, 이제부터라도 만들어야 한다. 모두가 그렇게 살지는 않는다. 보행자 우선도로 말고 보행자 전용도로가 되어야 한다. 길이 좁아서 인도를 만들 수 없는 길은 일방통행으로 바꾸고 인도를 만들면 된다. 아니, 그렇게 좁은 길에는 사람만 좀 다니자.

모두가 선택의 문제이다. 자동차 없이 살면 불편함을 느낄 수밖에 없는 현재 우리의 삶은, 돌이켜 보면 주위 여건이, 문화가, 정책이 생태발자국을 크게 만드는 방향으로 결정되어 왔기 때문이다. 자가용을 이용하는 것이 불편한 일상이 되도록 만드는 것이 지속가능성을 추구하는 방향이다.

여론몰이도 해 보자. 우리는 정부가 나서서 한꺼번에 해결해야 한다고 생각했던 일들을, 우리가 부러워하는 문화를 가진 곳에 사는 사람들은 직접 나서서 조금씩 달라지게 만들어 지금 같은 선진국, 경제적 차원에서만 아니라 사람과 생명을 존중하는 진짜 선진국이 되었다. 우리는 어떻게 해야 할까? 딴지 거는 일이 일상인 나에게는 그래서 여전히 차가 없다.

아무리 강조해도 지나치지 않은 말, '나무 심자'

휴지에 관한 몇 가지 에피소드로 시작해 본다. 첫 번째 에피소드는 영국 대학에서 유학하던 시절의 이야기다.

내가 다니던 학교의 기숙사는 부엌을 여럿이 나눠 쓰는 형태였다. 나는 냄새가 좀 나더라도 고등어 한 마리를 제대로 구워 먹겠다며 손질을 하고 있었는데, 한 영국인 남학생이 다가와 말했다.

"그런 건 돌고래나 먹는 거 아니냐?"

그러더니, 당당히 냉동 파이를 꺼내 오븐에 넣어 놓고는 제 방으로 들어가 버렸다.

"쳇! 니들이 고등어 맛을 알어?"

나는 콧방귀 한번 껴 주고는 제대로 된 음식도 못 먹고 자란 불쌍한 친구라며 속으로 그 애를 연민했다.

동양인 친구들이 함께 모여 음식을 나눌 때도 많았다. 그럴 때 주로 행주를 썼지만, 볶고 튀기고 하다 보면 기름을 닦아 내기 위해 휴지가 필요했다. 우리는 화장실에서 쓰는 휴지를 들고 와서 프라이팬을 닦았다. 아까 그 영국 남학생이 부엌에 들어와서는 기겁을 한다.

"오 마이 갓! 어떻게 화장실 휴지를 부엌에서 쓰는 거야!"

나는 웃긴다 싶어 맞받아쳐 주었다.

"야, 우리는 이걸로 입도 닦을 수 있다."

그러자 그 친구는 토하는 시늉을 했다. 문화 차이다.

두 번째 휴지 에피소드는 한국으로 돌아오고 나서 겪은 일이다. 식당에서 밥을 먹을 때면 의도치 않게 상대방을 참 무안하게 만들곤 했다. 안 먹을 반찬을 물리는 행동도, 밥 남기면 안 된다는 잔소리 때문도 아니었다. 자리를 잡고 앉으면 특히 여자 동료들이 거의 예외 없이 하는 행동 때문이었다. 그녀들은 냅킨을 탁탁 뽑아 식탁 위에 수저받침을 만들고 젓가락과 숟가락을 가지런히 놓아 주었다. 대접이라는 의미를 담은 성의 있는 배려였을 텐데 나는 참 재수 없게도, 그때마다 "저는 이 휴지 안 쓰거든요."라며 그 냅킨을 빼내 되물렸던 것이다. 왜 식탁마다 다량의 휴지가 놓여 있는지, 왜 사람들은 무의식적으로 이런 불필요한 행동을 하는지 그때는 이해할 수 없었다.

문화적 다양성에 포용심을 갖자는 이야기가 본 주제는 아니다. 여기서는 '휴지'에 초점을 맞추자. 식탁 위에 비치된 냅킨, 방방마다 책상마다 하나씩 놓여 있는 사각 휴지, 부엌용으로 만들어진 질기고 두터운 키친타올, 화장실에는 없어서 안 될 두루마리 휴지, 각자의 가방에 하나씩 들어 있을 법한 휴대용 휴지, 최근 아주 일반화된 물티슈 등. 이처럼 용도에 맞는 다양한 휴지가 우리 생활 곳곳에 비치되어 쓸 수 있게 된 것은 그리 오래된 일이 아니다.

이런 내 말에 강의를 듣고 있던 학생들의 표정이 이렇게 말하는 것 같았다.

'저 선생, 무슨 호랑이 담배 피울 적 소린가?'

학생들도 우리나라 전통 화장실을 써 보지는 않았어도 알기는 안다. 흔히 '푸세식'이라고 이르는, 아래로 인분이 그대로 드러나 보이는 '똥통' 위에서 휴지가 아니라 달력이나 신문을 찢어 부드러워질 때까지 여러 번 비벼서 뒤처리를 해야 하는 변소 말이다.

우리식이 이런 거라면 다들 알다시피 세계에는 다양한 뒤처리 문화가 있다. 오른손은 밥을 먹어야 하는 손이기 때문에 뒤처리는 반드시 왼손으로 하는 곳. 그 손으로 타인과 악수를 하는 건 결례다. 문 걸어 잠그고 볼일 보지 않아도 되는 곳도 있다. 휴지가 아니라 뒷물로 깨끗이 씻어내는 곳도 있다. 요즘에는 톱밥도 준비해 두고, 휴지까지도 마련된, 최신식 생태 뒷간도 있다.

수세식 화장실이 한국인의 뒷간을 대체해 가면서 휴지의 사용도 일상화되어 왔다. 화장실에서만 사용되던 휴지의 질은 나날이 개선되었다. 뒤처리 용도로만 쓰이던 휴지는 촉감, 향기, 강도가 좋아짐에 따라 점차 '화장지'라는 이름을 얻게 되고 다양한 목적에 따라 구분해 쓸 수 있는 제품들이 등장했다.

한때 우리나라 공중 화장실에는 일부러 휴지를 비치하지 않았다. 사람들이 휴지를 '훔쳐' 가기 때문이었다. 이런 걸 보고 후진국형 의식이라며, 잘사는 나라가 되려면 생활 의식 선진화가 시급하다는 계몽의 말들도 나돌았다. 이것도 지금은 옛말이다. 고속도로 휴게소의 화장실을 보라. 칸칸마다 커다란 공중 화장실용 휴지걸이가 두 개씩이나 설치되어 있다.

다 아는 얘기지만 휴지는 종이로 만들고, 종이는 나무로 만든다. 나무는 광합성을 통해 태양에너지를 생태계로 들여온다. 생태계 안에서 태양에너지를 물질로 전환시키는 유일한 길이 광합성이다. 나무와 숲은 최초의 에너지 공급원으로서 중요할 뿐만 아니라 땅속과 땅 위에 살아가는 수많은 생물종의 서식지 구실도 한다. 이러한 숲이 파괴되면서 자연적 멸종과 함께 인위적 멸종도 급격히 증가했다. 『네이처』2004년 1월호는 현재의 멸종 속도에 비추어 볼 때, 2100년까지 현존하는 생물종의 절반이 사라질 것이라고 예측한다.

삼림 파괴는 역사적으로 볼 때 아주 오래전부터 있어 왔다. 자연에서 수렵과 채취를 하며 살다가 농경 시대로 접어들게 되자 인류는 밭을 만들기 위해 숲속의 나무를 베어내기 시작되었다. 또한 농경 시대란 정착의 시대를 의미한다. 정착민들은 나무를 베어 집을 지어야 했다. 벽돌집을 짓기 시작하면서 벽돌을 굽기 위해 엄청난 양의 나무를 태웠다. 벌목은 땅을 빠른 속도로 부식시키는 결과를 낳아 식량 생산에 해를 끼치기에 이르렀다.

특정 지역에서만 생긴 문제가 아니라 인더스 강 유역을 비롯해 중국 고원 지대, 지중해 연안 등 수많은 사회가 삼림 파괴로 황폐해졌다. 게다가 급격한 인구 증가는 난방이나 취사, 건축 등에 사용하는 목재 수요를 더욱 증가시켰다. 물론 숲이 재생되기까지 오랜 시간이 걸리는 이유도 있겠다. 하지만 농업과 함께 정착된 목축으로,

나무가 채 자랄 틈도 없이 방목된 가축들이 싹부터 먹어 치우는 바람에 숲이 쉽게 되살아나지 못하게 되기도 했다.

제국주의 시대를 거치면서 산을 벌거숭이로 만드는 데에는 식민지에서의 과잉 벌목도 한몫했다. 그런데 식민지 국가들이 독립을 이룬 뒤에도 목재가 이들 나라의 주요 외화벌이 자원이 되는 바람에 삼림 파괴는 계속되었다. 1960년대 이후, 일본의 수입으로 인도네시아 목재 수출이 급격히 늘었는데 이때 일본은 목재 생산량이 부족해서가 아니라 엄격한 삼림보호 정책으로 자국의 숲을 보호하기 위해 인도네시아 나무를 베어 간 것이다.

삼림 파괴는 인구가 증가하고 종이 수요가 급증한 현대에 와서는 더욱 심각해졌다. 텔레비전 다큐멘터리 '환경스페셜-종이의 일생'에 따르면 아시아 열대우림의 40%를 차지한 인도네시아의 열대림 중 36%가 이미 황폐해졌다고 한다. 벌목용 기계는 수목의 생장 정도를 하나하나 선별해 베지 못하는 단점이 있다. 일정 높이 이상으로 자란 나무들을 모조리 베어 버리기 때문에 필요한 양보다 10배나 많은 나무가 잘려 나간다. 산림은 산림대로 파괴되고, 아까운 나무들이 쓰레기로 버려진다.

세계 3대 환경보호단체 중 하나인 '지구의 벗'Friends of the Earth에서는 1분당 축구 경기장 36개 크기만 한 산림이 없어지고 있다고 보고한다. 남아메리카 열대림의 보고이자 지구의 허파로 불리는 아마존에서는 불법 벌목이 횡행해 이를 지키고자 환경운동가들이 나서서 지킴이로 활동하고 있으나, 벌목업자가 고용한 청부 살인자들에 의해 지난 20년간 1150여 명이나 살해되었다.

내친 김에 더 이야기해 보자. A4용지 1만 장을 만들기 위해서는 30년생 원목 한 그루가 필요하다. 지구온난화와 물 부족 문제를 고려하자면 종이를 생산하는 데 소비되는 물과 탄소 배출량도 따져 봐야 한다. 이때 소모되는 물과 에너지는 종이 원가의 4분의 1을 차지한다. 이는 제지 산업이 에너지 집약 산업이라는 사실을 말한다. 그뿐만이 아니다. 종이를 표백할 때 쓰이는 염소는 물을 오염시킨다. 종이를 만들기 위해 나무를 벌목한 만큼, 자연림을 보호하기 위해 단일 품종의 인공림을 조성했는데, 이것이 도리어 토양 침식의 원인이 된다는 사실도 밝혀졌다.

세계자연보호기금WWF이 2005년 발표한 자료에 따르면, 유럽인 한 사람이 1년에 13킬로그램의 휴지를 사용한다. 이는 하루에 27만 그루의 나무가 (믿기지 않겠지만) 화장실에서 사라지는 양이다. 특히 유럽의 휴지 제조사들은 재생지를 사용하지 않고 수입한 펄프 목재를 사용하기 때문에 산림 파괴를 촉진하고 있는 것으로 나타났다. 그래서 재생지를 사용하도록 권장하고 있단다. 소비자들은 산림을 파괴하는지도 모른 채 휴지를 쓰게 되므로 생산자들이 제대로 정보를 표시해서 사실을 알리라는 것이다.

휴지도 종이이고, 종이는 나무로 만든다. '식탁 위 휴지'로 시작한 작은 이야기가 아마존 지역의 불법 벌목에까지 이어졌다. 경제가 돌아가려면 소비를 제대로 해 줘야 한다며, 오히려 그렇게 팍팍하게 살지 말라는 충고가 들린다. 범죄율이 증가해 방범 산업이 성장하고, 비만 때문에 다이어트 산업이 극성이며, 스트레스 때문에 항우울제 산업이 성장한 덕분에 국내총생산GDP이 올라간다. 이런 것이 건강한 경제인가? 내가 "저 이 휴지 안 써요."라고 말하는 데는 이런 맥락들이 작용했던 것이다.

나이 지긋한 선배 사회학자에게서 사소한 데 목숨 걸지 말라는 소리를 듣고 나서야 휴지로 만든 수저받침을 보고도 그냥 있는다. 성의는 받고 내가 더 이상 뽑아 쓰지 않을 뿐이다. 우리 학생들은 한 걸음 더 나아갔다. 강원도 양양 산불 지역까지 가서, 가까이는 한강 나무 심기 행사에 참여해서, 더 가까이는 학교 정원에다가 (이 경우는 몰래) 나무를 심고 있다. 토종 씨앗을 나눠 줬더니 그 씨앗으로 게릴라 가드닝의 기쁨도 맛본다.

사회학자는 구조를 비판해야지 소소한 생활의 변화에 목숨 걸지 말란다. 나는 고민한다. 생활을 바꾸어야 구조가 바뀌는 게 아닐까? 일상의 변화가 축적되어야 구조 변화에 힘을 실어 주는 게 아닐까? 구조를 바꾸면 생활은 저절로 변화되는 것일까? 그래서 어느 날 갑자기 휴지가 곳곳에 비치되어 있으니 우리는 마구 소비하고, 또 어느 날 갑자기 모두 사라져 버리면 없는 대로 그렇게 살아갈 것인가?

구조 변화와 일상에서의 실천이 함께 가면 좋겠다. 기껏 휴지 한

장이지만 그 한 장에 얼마나 많은 생명의 역사가 함께하고 있는지 기억했으면 한다. 꼭 써야 한다면 한 장만 쓰고, 가급적 손수건을 쓰자. 뭐 소매로 쓱 닦아도 되고, 손가락으로 살짝 훔쳐서 닦아 내면 그만이다. 없어도 살아가는 데 큰 지장 없는 것에 너무 큰 희생이 따른다는 사실을 잊지 않았으면 한다. 일상과 구조를 분리하지 않고, 일상이 구조의 근간이고 구조가 일상의 결과이기를 바란다.

나는 쓰레기, 나는 똥

우리 사회가 겪는 대부분의 환경사회학적 문제들은 경제가 압축적으로 성장하는 과정에서, 그리고 대규모 개발 사업들이 무분별하게 시행되어 오면서 발생했다. 지금까지 우리는 먹을거리를 통해 토양 문제를, 냉장고를 통해 에너지 문제를, 자가용을 통해 대기오염 문제를, 휴지를 통해 자연자원 고갈 문제를 살펴보았다. 마지막으로 한 가지가 더 남았다. 성장과 개발로 막대한 생활의 편의를 얻고 나서 남은 것, 눈앞에서 즉각 치워지기 때문에 개인들이 제대로 고민하지 않는 것, 바로 쓰레기 문제다.

쓰레기 문제는 아무리 강조해도 지나치지 않을 만큼 심각한 사안이다. 우리가 버리는 쓰레기 종류는 매우 다양하다. 일반 쓰레기, 음식물 쓰레기, 산업폐기물, 배설물, 폐수, 독극물 등등. 더 나열할 수 있지만 그럴 필요는 없을 것이다. 쓰레기는 우리 눈에 보이지 않는다고 끝난 것이 아니다. 아니, 우리가 원치 않는 방식으로 되돌아온다.

쓰레기는 크게 산업폐기물과 생활 쓰레기로 나뉜다. 여기서는 생활 쓰레기부터 살펴보자(산업폐기물은 3장에서). 우리가 매일 배출하는 생활 쓰레기를 10미터 높이로 쌓으면 해마다 여의도 크기의 매립지가 필요하다. 전국에 있는 600개가 넘는 매립지 중 반 이상은 이미 포화 상태이다.

세계적으로는 1년에 약 20억 톤이 넘는 생활 쓰레기가 계속 생긴다. 2030년에는 30억 톤으로 늘어날 것으로 예상된다. 선진국에 사는 사람들은 한 사람당 1년에 약 570킬로그램의 생활 쓰레기를 배출한다.

생활 쓰레기를 파묻으면 토양과 수질이 심각하게 오염된다. 파묻지 않고 태우자니 환경호르몬인 다이옥신이 생긴다. 배기가스를 대폭 줄인다는 최신식 소각장은 쓰레기를 태울 때 생기는 열을 이용해 전기를 생산하기도 한다. 한 학생이, 그렇다면 전기를 만들기 위해서 더 많은 쓰레기를 배출해야 하느냐고 묻는다. 글쎄다. 최신 소각장이 일반화되어 있다면 이 학생의 황당한 질문에 대해 토론이라도 해 보겠지만, 아쉽게도 이런 시설은 아직 드물다.

더 시급한 문제는 태우거나 파묻지 않고 바다에 버리는 쓰레기다. 선진국에서 발생하는 생활 쓰레기는 가공품에 많이 의존하는 생활

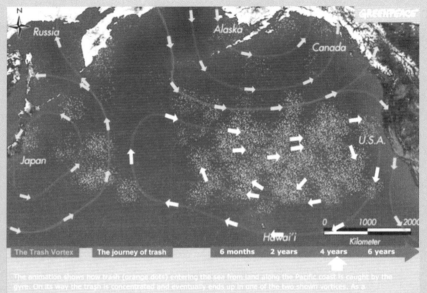

국제적 환경단체인 그린피스의 누리집에는 썩지 않고 바다 위를 떠다니는 플라스틱 쓰레기가 해류를 따라 이동하며 점차 섬처럼 커져 가는 과정을 담은 동영상이 실려 있다.

방식 탓에 플라스틱이나 깡통, 호일류가 많다. 이 쓰레기 규모가 무려 약 70만 제곱킬로미터, 말하자면 미국의 텍사스 주 크기만 한 플라스틱 쓰레기 더미가 태평양을 떠다니고 있는 것이다. 바로 '플라스틱 섬'이다. 매일 거침없이 마셔 대는 각종 음료수 페트병과 캔이 내 눈앞에서 깔끔하게 치워졌다 싶었더니, 그것들이 모여 저 바다 위에서 섬을 만들었다. 수백 년 동안 썩지 않을 그 쓰레기 섬이 하나의 인공 대륙을 이루게 될 날이 멀지 않았다.

우리나라 상황을 보자. 2010년 현재, 전체 생활 쓰레기 발생량의 30%를 차지하는 것이 음식물 쓰레기다. 음식물 쓰레기 역시 대부분 땅에 파묻어 버린다. 악취가 나고 토양과 수자원을 오염시킨다. 음식물 쓰레기는 일반 쓰레기보다 처리 비용도 더 든다. 게다가 해마다 쓰레기로 둔갑하는 음식물의 가치가 8조 원을 넘고 있다.

우리나라가 1994년에 가입한 런던 협약은 폐기물의 해양 투기를 금지하는 것이 주된 내용이다. 이 국제협약 가입국 중 최대 투기국이 부끄럽게도 우리나라다. 이유는 음식물 쓰레기를 바다에 내다 버렸기 때문이다. 2013년부터 음폐수의 해양 투기가 전면 금지되고서야 음식물 쓰레기 처리에 대한 고민이 시작되었다. 하수나 음식물 쓰레기 같은 유기성 폐기물을 세균으로 분해시켜 가스를 만들고 이 가스를 태워 전기를 만드는 기술도 있다. 분해 후 남은 고형물은 비료나 퇴비로 이용해 땅으로 되돌릴 수도 있다.

예상한 대로 앞서 질문했던 학생이 다시 묻는다.

"그렇다면 음식물 쓰레기가 계속 배출되어도 상관없겠네요."

다른 한 학생이 심각한 표정으로 대응한다.

"이거 너무하네요. 쓰레기를 만들고 싶어서 만드는 게 아닌데, 쓰레기를 만들 수밖에 없는데 대체 어떻게 하라는 말인가요? 더 이상 살아가는 걸 포기하란 말인가요?"

이럴 때는 나도 미안해진다. 내가 겪은 옛날이야기를 들려줄 테니 들어 봐 달라고 부탁하면서 다시 말을 이어 간다.

1990년대 초반이니까 20여 년 전이다. '우리 밀 살리기'를 비롯해 '푸른평화운동'이라는 생활 운동이 있었다. 집에서 쓰고 난 폐식용유를 모아서 비누를 만들고, 우유 팩을 따로 분리하고, 병을 재활용했다. 학부모와 학생과 교사가 함께 일상에서 쓰레기를 줄여 나갔다. 이론적으로는 환경의식이 환경 행동을 낳는다고 하지만, 내 경험으로는 행동이 의식을 낳았다. 또 그때 그 의식이 나로 하여금 지식을 탐구하게 만들었다. 지식에서 의식으로, 의식이 행동을 동반한다는 일반적 가정이 나에게는 들어맞지 않았다. 그때는 개개인의 생활 변화가 환경운동의 일환이었을 뿐인데, 그 환경운동이 궁극적으로 정책 입안에 영향을 주어 '쓰레기 분리수거'라는 제도가 탄생되리라고는 생각지도 못했다.

해서, 나 혼자만 한다고 뭐가 바뀌느냐는 질문에 나는 자신 있게 대답할 수 있다. 나만 해서, 나라도 해서 제도가 만들어졌노라고, 20년 전과 완전히 달라졌다고. 폐지를 열심히 모았으니 트럭을 불러다가 가져가게 해야 했다. 그 모습이 신기하다며 방송국에서 촬영해 갔던 때가 있었다고 말이다.

강의 시간에 묘한 미소를 짓곤 하던 한 학생이 질문을 던졌다.

"환경운동단체에 회계장부 비리 문제가 터졌습니다. 그래도 되는 건가요?"

한 번 잘해서 칭찬받기는 힘들지만, 백 번 잘하다가도 한 번 잘못하면 만신창이가 되는 것이 우리나라 사회운동의 현실이다. 산적한 현안을 다루는 데 매몰되어 환부가 악화되기 전에 도려내지 못하고 있다가 터진 일이다.

환경단체를 변호하거나 감싸기 위해서 하는 말이 아니다. 오히려 2007년 한국에 들어와 다시 환경단체에서 활동을 시작하면서 안타까움을 느끼던 터였다. 특히나 소규모 환경단체는 정부 지원 프로젝트를 따내야만 단체를 유지할 수 있다. 단체의 존립이 걸린 일이기 때문에 그것을 위해 모든 에너지를 쓴다. 그렇게 해서 프로젝트를 수행하게 되어도 일 년이 지나면 똑같은 일을 다시 반복해야 한다. 심하게 말하면 정부 하청업체 또는 위탁사업장으로 전락해 버린 것이 우리나라 많은 시민단체들의 실정이다.

활동가들의 생계가 구조적으로 해결되어야 한다. 시민들의 회비와 자원봉사까지 풍족한 유럽 국가들과 비교해 보면 열악하기 그지없다. 그러니 우리나라의 운동가나 활동가들이 최소한의 생계를 해결하기 위해 정부 프로젝트에 매달리는 것은 어쩔 수 없는 선택이니 이해해 줘야 한다고도 한다. 하지만 이렇게 되면 될수록 환경운동이 결국은 산업사회를 땜질하는 역할에 머무르게 될 것이라는 지적도 경청해야 한다. 회비 5천 원 한 번 내지 않는 우리가 용역 사업하는 또 다른 우리를 비난하는 사이, 어디선가 맹목적 개발 사업이 추진되고 바다에는 쓰레기가 쌓여 간다.

자, 이 사회구조를 체제 밖에서 한번 바꿔 보자, 체제 밖에서 또 다른 삶의 형태를 꾸려 보자고 행동에 나선 이들이 있다. 우리나라에서는 1997년 IMF 체제 이후, 물론 그전부터 시작되었으나 특히 이 시기를 기점으로 해서 상품을 매개로 자본을 축적하는 경제성장 중심 사회를 벗어나 보겠다는 시도들이 일어나기 시작했다.

사회문제를 고발하는 데 골몰했던 운동가들도 실제적인 삶의 변화를 꿈꾸기 시작했다. 진정한 삶에 대해, 생명과 자연에 대한 새로운 눈을 가지면서 생협 운동, 공동체 운동, 귀농 운동 등 다양한 대안운동을 실험했다. 과거의 운동 방식인 '저항'과 함께 '대안'을 병행한다. 요컨대, 지금까지의 사회운동 또는 환경운동이 산업주의 병폐를 답습하면서 그 안에서 개선을 추구한 부문 운동이었다면, 이제는 생태주의 원리에 입각한 다양한 대안운동을 통해 관계의 총체적 회복을 추구하고 있다.

지금부터 그 얘기를 해 보려고 한다. 더 살맛 나는 세상을 꿈꾸고 이루어 온 사람들, 그들의 사상과 삶에 대해, 그 한계까지 살펴보려고 한다. 인간을 배제하지 않으면서 자연과 함께 지속가능한 삶을 추구한 사람들. 그러한 삶은 경쟁이 아니라 공생과 상생, 협동에서 나오는 것이라고, 일생을 사는 동안 설파하고 살아가면서 보여주었던 사람들. 다음 장으로 넘어가기 전에 존경해 마지않는 에코토피아 사상가인 윌리엄 모리스(1834~1896)의 말로 이 장을 마무리한다.

"우리가 '부'wealth라고 칭하는 모든 물건은 오히려 '쓰레기'waste이다. 진정한 '부'란 햇빛과 신선한 공기, 오염되지 않은 땅 등 자연이 우리에게 준 것, 그리고 이성적인 사람들이, 이 자연이 준 선물에 대해 충분히 이해하고, 자유로운 의사소통을 통해 이성적인 사용을 위해 무언가를 만드는 것, 그것이 '부'이다."

2장

하늘(天)
"작은 것이
아름답다"

현재 이 땅에서 벌어지고 있는 환경문제의 내용을 내 주변 사례를 들어 순서 없이 내보였다. 엉킨 실타래를 풀기는커녕, 차근차근 해결의 열쇠를 보여주기는커녕 소소한 개인의 일상을 환경문제를 일으키는 시발점이자 사회문제의 근원인 듯 지적하며 그대를 더욱 피곤하게 만들어 놨다. 그래서 어쩌라는 것이냐는 질타에, 그러므로 공생, 상생, 협동이 해답이다, 관계의 총체적 회복을 추구하며 살면 된다는 주장과 실천을 소개하고자 한다. 도대체 어쩌란 것인지, 앞서의 문제들에 대한 해결책을 한번 찾아보자.

　우선은, 살맛나는 세상을 꿈꾸고 실천해 온 이들의 사상이 앞서 언급했던 환경문제와 사회문제를 해석하는 틀이 되고, '우리' '함께' '지금' '여기'를 주장하고 실천할 수 있는 근거를 제시하는지 살펴봐야겠다. 이해하기 어려운 담론 분석도 넘어서고, 심도 깊은 고민과 성찰에 따른 가치 전환을 등한시해 수포로 돌아가 버리는 제도 개혁도 넘어서기 위해서, 문제를 인지한 우리는 이제 이 문제를 어떻게 풀어나갈지 함께 고민해 봐야 한다.

앞서 사회학이라는 학문 분야가 발전하기까지의 과정을 대략 살펴보았다. 또한 사회학 중에서도 최근 더욱 주목을 받고 있는 환경사회학이라는 학문의 생성 과정도 간략히 살펴보았다.

환경사회학이라는 용어를 만든 던랩은 인간중심주의, 인간우월주의에 대한 반성으로 생태중심주의적 사고를 주장하며 이를 신생태주의 패러다임으로 명명했다. 환경문제를 고발한 레이첼 카슨의 『침묵의 봄』을 필두로 환경운동 또는 대안적 체제나 생태주의 확산을 위한 사회운동이 급속히 확산되었다.

헌데 이 과정이 이렇게 몇 줄로 정리할 수 있을 만큼 간단치가 않다. 1960년대 초 카슨의 고발에서부터 1970년대 말 던랩의 주장이 나오기까지, 그리고 그 이후에도 생태주의와 관련한 매우 다양한 고민들이 있었다. 그 주장을 매우 거칠게 나누어 보자.

동양의 전일적 세계관과 철학에 영향을 받은 근본생태주의Deep Ecology, 사회 내 위계질서의 문제점을 지적한 사회생태주의Social Ecology, 마르크스주의 입장에서 생태주의를 비판 또는 옹호하는 관점, 또한 여성주의 시각에서 이러한 관점들을 재분석한 생태여성주의Eco-Feminism 등등 매우 다양한 분파가 있다. 그리고 3장에서 살펴볼 지속가능 발전론을 생태주의로 보는 학자도 있다. 이처럼 다양한 생태주의 담론을 유사한 범주로 분류하여 설명하는 것은 여전히 어렵다.

더구나 생태주의 또는 생태 담론의 생성 배경을 어디서부터로 볼 것인가도 쉽지 않다. 서양의 급속한 산업화로 인한 환경문제의 답을 동양의 고전철학에서 찾는 근본생태주의자들은 그 방대한 동양철학의 범위 중 어떤 부분을 참고로 했을까? 과연 동양철학은 모두 생태 중심적일까? 지금의 환경 위기를 근본생태주의자들의 주장처럼 철학적 사유 또는 의식 변화만으로 풀 수 없다는 사회생태주의자들도 있다. 그들은 사회 속에서 발생하는 각종 억압을 고발해 인간이 인간을 지배하는 구조에 대해 문제제기를 한다.

이러한 문제의식이 싹트기까지 근간이 되어 준 18세기 또는 19세기 사회사상가들도 간략하게나마 살펴보는 노력이 필요하다. 생태주의라는 말이 쓰이기 훨씬 이전부터 이미 생태주의적 사유와 실천을 주장한 선구자들이 존재하기 때문이다. 물론 바깥에서만 찾을 이유는 없다. 우리 안에서 싹튼 우리의 생태 사상도 살펴봐야 한다.

흥미로운 점은, 생태주의 또는 생태 담론이 매우 다양하고, 새로운 사회를 만들기 위한 실천 사례들도 매우 다차원적인 양상을 띠는데도, 거기에는 그 다양성을 아우르는 공통점이 발견된다는 사실이다. 이는 바로 경쟁과 성장, 이윤만을 강조하는 현 체제를 넘어 탈물질주의, 탈권위주의, 탈중심주의, 탈시장주의적 사고를 지향한다

는 점이다. 바꾸어 말해 이러한 특징들이 지향하는 바는, 생태 친화
적이고 시민사회가 주체가 되며 지역을 근간으로 적정 규모의 경제
를 실천하자는 데 있다.

작은 것이 아름답다

책 첫머리에 천지인 삼재와 뜻이 닿는 '소일, 소울, 소사이어티'라
는 대회를 언급했다. 10여 년 전 나는 이 대회에 참가했다. 그때는
학생 신분이어서 발표할 엄두도, 참가비를 낼 형편도 못 되어, 자원
봉사를 하면서 대안운동 발표, 대안 기술 체험, 대안 사상 토론을
나눈 경험이 있다.

대회 기간 중 어느 날 아침이었다. 그날 나는 주차 안내를 하고
있었다. 들어오는 차량에 주차할 장소를 알려 주고 있는데, 다른 차
들에 비해 좀 낡아 보이는 차 한 대가 들어왔다. 그 차는 빈자리로
가서는 후진을 하려는지 차창을 내렸다.

'어! 사티쉬 쿠마르다.'

쿠마르는 도보 순례라는 방식으로 환경운동을 평화운동으로 이
끌어낸 인물로, 슈마허 대학 설립자다. 이런 인물을 앞에 두고 반가
워해야 하는데, 나는 어이가 없다는 생각이 먼저 들었다. 그래서 운
전석에서 내리는 그에게 대뜸 물어보았다.

"왜 자가용을 끌고 왔습니까?"

한 동양인 주차 봉사자의 날벼락 같은 질문에 쿠마르도 어이가 없었나 보다. 자기소개도 하지 않고 간단한 인사도 없이 다짜고짜 왜 차를 끌고 왔냐고 물었으니, 황당했을 것 같다. 하지만 그는 조심스런 표정으로 때에 따라 차를 이용해야 할 때도 있지 않느냐고 차분히 대답했다. 남은 대회 기간 동안 우리는 좋은 친구가 되었고, 나는 이듬해 슈마허 대학에 머물면서 더 많은 생각을 나누었다.

슈마허 대학은 이렇게 대안을 고민하는 사람들이 모여서 사상과 실천을 나누고 토론하는 장을 마련해 준다. 이 대학은 이름 그대로 경제학자 에른스트 프리드리히 슈마허(1911~1977)의 사상을 이어받았다. 슈마허는 1973년 『작은 것이 아름답다』(이하 『작아』)라는 책을 통해 근대 자연관이 철학적 통찰을 생략한 채 경제적 가치로만 전환되어 버린 과정을 지적하고, 이로 인해 양적인 경제성장만을 추구하게 된 '거대주의' 경제체제, 자원과 자본이 집약된 산업기술을 제3세계로 이전하고 있는 세태를 통렬히 비판했다.

슈마허는 경제에서의 '거대주의'란 자원과 자본 집약적인 산업기술을 전제로 성립하기 때문에 근본적으로 자연과 사회에 대한 파괴와 약탈을 피할 수 없다고 본다. 하여 그가 제시한 대안의 핵심에는 '작은 것'이 놓여 있다.

'작은 것'이란 '인간을 고려한' 경제학이다. 인간의 활동과 기술과 생산 수준이 무한정 커져야 하는 것이 아니라 '적정 수준'에서 유지되어야 한다는 것이다. 인간에게 진정으로 필요한 것이 무엇인지 알아내야 한다는 그의 주장은 불가佛家 철학에 근간한 질적 성장을 말한다. 『작아』는 『타임스』Times가 선정한 2차대전 이후 출판된 가장 영향력 있는 도서 100권 중 하나가 되었지만 주류 경제학에서는 외면했다. 슈마허가 무슨 이유에서 '작은 것'을 중시하는지, 그가 주창한 실천적 방안인 '적정기술'이라는 개념을 통해 접근해보자.

현재 선진국들은 그들의 경제적 부를 쌓는 데 혁혁한 공을 세운 환경오염 산업을 제3세계로 이전하고 있다. 에너지 산업(석탄·석유·원자력·가스·전력을 생산하는 산업)은 그 한 예이다. 에너지 산업 자체는 말할 것도 없고, 18세기 이후 산업화를 주도한 산업들의 에너지 이용 방식은 '중앙집중적', '공급자 위주'라는 특징이 있다.

슈마허는 이 같은 특성을 지닌 서양의 산업 기술들이 제3세계에 수출되면 수입국의 경제발전에 잠깐은 도움을 주겠지만, 값싼 노동력과 과도한 환경 착취로 도리어 발전을 가로막는 측면이 있다는 점을 지적했다. 그렇기 때문에 제3세계 저개발국에 이 방식을 그대로 적용할 수도 없고 해서는 안 된다고 했다.

각종 환경문제를 경험한 지금 시점에서는 에너지 개발뿐 아니라 에너지를 이용하는 방식에도 '지속가능성'이라는 개념이 적용되어야 한다는 것을 안다. 에너지 이용에서 지속가능성이란, 공급 중심에서 탈피해 수요에 맞는 기술을 개발해야 하며, 더 나아가 에너지 소비 자체를 줄일 수 있는 방안을 찾아야 하는 것이다.

세상을 바꾸는 대안 기업가이자 에너지 사상가, 서울국제에너지 자문단 자문가인 에이머리 러빈스(1947~)는 지속가능한 에너지 사용과 형평성이라는 개념이 형성되기 이전에 이미 에너지 소비에서 경제적으로 효율적이면서도 민주적이며 환경 친화적인 방안을 모색하고 제시했다. 그는 '에너지의 민주적인 이용'은 바로 '소규모 지역 분산적인 체제'라고 단언했다. 좀 더 구체적으로 설명하자면 이렇다. 작은 지역 안에서 재생에너지를 지속적으로 생산해 에너지 수요를 충족하면서도 환경 영향을 최소화해 지속가능성까지 만족시키는 방식이다.

수요 중심의 지역 분산적 에너지 이용 방식은 이른바 생태 마을에서는 벌써 실현되고 있다. 앞으로 자주 언급될 남원의 인드라망생명공동체는 우리식 생태 마을의 본보기라 해도 과언이 아니다.

이곳은 초기에 실상사라는 작은 절을 중심으로 성장했다. 실상사가 걸어온 길은 슈마허가 주장하는 불가佛家적 경제철학과 맞닿아 있다. 동양에서 뭔가를 배워 보겠다는 서구학자들이 찾아낸 불가적 사상에 상응하는 곳이 어떻게 실상사밖에 없는가 하는 점도 실은 슬픈 현실이긴 하다. 여하튼 이곳은 최대한 지역의 형편에 맞게, 자연과 함께 살아갈 수 있는 '적정기술'을 실천하고 있다.

서구에서 발달한 생태 건축처럼 이곳에서는 우리식 생태 건축인

황토 건물을 지었다. 황토 건축보다 더욱 눈에 띄는 것은 지역에 버려진 빈집을 수리해 재활용한 것이다. 인분을 거름으로 쓰기 위해 만든 생태 뒷간도 이곳의 명물이다. 교육원 마당에는 발전용량 15킬로와트급 태양열판도 있다. 이것은 난방이나 발전에 드는 석유 에너지를 대체에너지로 바꿔 나가 지리산 일대를 친환경 재생에너지 지역으로 탈바꿈시켜 보자는 뜻으로 시작했다. 이름하여 '인드라망 햇빛발전소'! 이처럼 '적정한' 에너지 이용 방식은 인드라망 같은 생태 마을뿐만 아니라 이제는 서울을 비롯한 많은 도시에서도 시도되고 있다.

이제껏 에너지 과다 생산과 과다 소비가 국가 간 분쟁의 요인으로까지 작용했다는 사실을 상기해 보면, 에너지 사용 방식에서의 적정기술은 실로 세계 평화를 구현하기 위해서도 필요하다는 주장이 가능해진다.

전 세계 석유 시장과 가스 시장을 엑슨 모빌, 비피, 텍사코, 셸 같은 소수의 다국적기업이 장악하고 있다. 이들 기업이 에너지 자원을 확보하기 위해 자원 보유국과 겪는 갈등이 곧바로 국가 간 대립으로 확대되어 왔다. 걸프전은 미국이 중동 석유를 안정적으로 확보하기 위해 노골적으로 개입해 일어난 전쟁임이 만천하에 드러났다. 9·11테러도 미국의 유노컬이라는 에너지기업이 아프가니스탄에 송유관을 건설하려 하자 탈레반 정부가 이에 반대하며 일으킨 것으로 알려져 있다.

생뚱맞지만, 조금 다른 '작은' 이야기를 해 보자. 케냐의 나이로비에서 유엔환경계획UNEP('유넵'이라고 읽음) 일을 도울 때였다. 그곳에는 현지인들이 애용하는 '마타투'라는 소형 버스가 운행되고 있다. 12인승 중고 승합차를 개성 넘치게 꾸며 놓아 어떤 마타투는 내부가 클럽 같다. 승객이 많으면 낯선 사람 무릎 위에 한 사람씩 더 태우기도 한다.

나는 마타투를 열심히 타고 다녔다. 기어이 케냐까지 들어갔던 이유는 현장을 직접 보고 느끼고 싶어서였다. 그런데 다 그런 건 아니겠지만 최소한 내가 듣고 본 범위 안에서는 마타투를 타고 다니는 동양인은 없었다. 특히 한국인과 일본인은 절대 현지인들의 교통수단을 이용하지 않는다. 위험하다고 생각해서이다. 이들은 자가 운전을 할 때 창문도 내리지 않는단다. 현지인들이 운전자가 끼고 있는 안경까지 벗겨 간다고 믿기 때문이다.

유엔에서 일하는 사람들을 비롯한 '와중구'(외국인을 뜻하는 키스와힐리어)들은 비록 나이로비에서 일상을 꾸려 가지만 그들이 살던 곳에서의 삶의 방식을 절대 바꾸지 않는다. 오히려 필요에 따라 원하는 것들을 모국에서 공수해 오거나, 혼자 타고 다닐 자가용을 몰기 위해 도로를 닦고, 자녀를 교육시키기 위해 사립학교를 세우고, 여가를 위해 놀이동산을 만든다. 모두 와중구의 안전과 안위를 위해서다. 절대 현지인들을 위한 것이 아니라 자신들이 살던 방식을 유지하기 위해 나이로비에 온갖 편의시설을 짓는다. 이래서는 적정

케냐의 마타투.

기술은커녕 양적 성장에 따른 빈부 격차만 커진다. 슈마허가 염려한 제3세계의 모습이다.

당시 케냐에서 나와 함께 뭉쳐 다니던 무리는 캐나다, 이탈리아, 독일에서 온 건장한 청년 셋과 현지인 두 명이었다. 그중에서 내가 제일 작았다. 얼굴은 전형적으로 동글납작한 동양인이고 키도 160센티미터라고 우겨야 할 정도로 아담하다. 가장 작았지만 나이는 제일 많았고 또 당시 나는 임신 3개월째였다.

이러한 사실을 아는 친구들은 늘 불만이었다. 나이도 많고 아이까지 배고 있어서 실은 두 사람 몫인데 왜 늘 나만 소인 값을 내냐는 것이다. 마타투를 탈 때도 반값이고 시설 입장료도 반값이었다. 내가 몰래 반값만 내려고 수작을 부린 게 아니라 현지인들이 반값만 요구했다. 작기 때문이다. 작은 사람은 요금을 적게 내고 큰 사람이 더 내는 건 생태적 잣대로 보면 매우 타당하지 않은가.

슈마허의 '작은 것'에 대한 옹호와 현지 케냐인들의 사고가 동일하다고 보는 것은 비약일까. 슈마허는 현지에 적합한 적정기술은 대규모, 대형 자본이 투입되는 기술이 아니라는 판단에서 '작은 것'을 강조했다. 그 '작은 것'은 현지인의 지혜이고 다행히도 케냐인들이 여전히 간직하고 있는 지혜이다.

사람도 집도 차도 건물도 모두 더 크고 더 많은 것이 좋은 것이라는 우리들의 사고는 '작은 것'의, '적정' 규모의 중요성을 또는 존재 자체를 잊게 만들었다. 때문에 작은 것이 아름답다는 슈마허의 오래된 주장, 지역에 맞는 적절한 자본과 기술이 지속가능한 사회를 이끈다는 그의 주장에 다시 주목하는 것이다.

심도 깊은 생태주의

슈마허의 '작은 것의 경제학'만큼이나 반향을 불러온 또 다른 경제학자의 주장이 있다. 루마니아 경제학자인 니콜라스 제오르제스쿠로에겐(1906~1994)이 1971년 출간한 『엔트로피 법칙과 경제 과정』Entropy Law & Economic Process은 물리학의 열역학 제2법칙, 즉 엔트로피 법칙을 통해 경제 과정을 설명한다.

에너지 보존 법칙인 열역학 제1법칙은 자연계의 에너지 총량은 일정하다고 설명한다. 열역학 제2법칙은 자연계에서 발생하는 모든 자발적 변화에는 하나의 방향성이 있는데, 그것은 엔트로피가 증가하는 방향으로 나아간다는 법칙이다. 엔트로피는 '변화'를 뜻하는 그리스어로, 열역학에서는 '무질서도'를 의미한다. 엔트로피의 증가는 무질서도의 증가를 뜻한다.

에너지는 한 번 사용하고 나면 다시 쓸 수 없다. 예를 들어, 석유를 태우고 나면 부산물로 생기는 몇 가지 기체를 모은다 해도 그것으로 석유가 재합성되지는 않는다. 자연에 존재하는 물질의 변화는 모두 이 법칙을 따른다.

로에겐의 주장은, 열역학의 양대 법칙은 이처럼 자연계 안의 모든 물질에 적용된다고 보는 견해이다. 그러므로 자연 자원도 예외가 아니다. 과거와 같은 방식으로 자원을 사용한다면 일정한 우주 에너지의 총량 안에서 엔트로피의 증가를 멈출 수 없기 때문에 (이론적으로는) 우주의 종말을 앞당기는 결과를 가져온다. 자원을 절약해서 환경 악화를 막아야 하는 당위와 필연은 물리학의 법칙으로도 도출되는 셈이다. 해서 로에겐은 엔트로피 법칙을 근거로 '역성장'의 불가피성을 강조했다.

　대규모 경제성장만을 추구하던 1970년대에 슈마허나 로에겐의 주장을 주류학계가 받아들일 리 없었다. 그러나 영국 토트네스에서는 슈마허의 주장을 계승하고자 설립된 대안 대학을 중심으로 꾸준히 '작은 철학'을 지향하고 실천해 왔기에 이제는 '전환 마을' 운동의 좋은 사례가 되고 있다. 전환 마을은 로에겐의 역성장을 근거로 한다. 이 역성장 운동은 대안을 실천하는 이들의 전폭적인 지지를 받아 프랑스와 이탈리아에서는 '역성장당'까지 만들어졌다.

　역성장이라고 하니 수렵 채취 시대로 돌아가자는 건가 반문한다. 역성장은 빈곤이나 기근에 시달리자는 주장이 아니라 비만을 방지하자는 것이다. 살 좀 빼서 건강하게 살자는 거다. 장시간 노동과 장거리 출퇴근, 사회적 소외, 강력 범죄가 늘어나는 사회는 건강하지 않다. 작은 동네에서 작은 집에서 간소하게 살면서 대중교통을 이용하고, 이웃과 함께 텃밭에 채소를 가꿔 나누어 먹고, 각종 물질적 소비를 최소화한다. 지적 사치재는 공공재를, 예를 들면 마을도서관을 만들어 공유할 수 있다. 그렇게 전환 마을을 만들어 가는 사람들이 있고, 그 사람들을 대표하는 정당이 있다. 이런 실천이 가능하기까지 영국 경제학자 슈마허가 있었고, 루마니아 경제학자 로에겐이 있었다.

같은 시기인 1973년 노르웨이 과학철학자인 아르네 네스(1912~2009)는 「근본적이고 장기적인 생태운동」The shallow and the Deep, Long-Range Ecology Movement 이라는 논문에서 '근본생태주의'의 필요성을 역설했다. 네스는 1970년대의 환경 이론이나 환경운동이 인간중심주의적인 관점에서 비롯한 것일 뿐만 아니라 선진국에서나 적용 가능한 협소한 이론임을 비판했다. 그리고 모든 생명체는 그물망을 이루는 하나하나의 매듭이다, 때문에 자연과 인간의 관계는 동등한 위치에 놓인다는 '생물권적 평등성'을 주장했다. 이러한 구도 안에서 타자와 자신을 분리하는 이기적인 '개인'self과 구분되는, 타자와 자신을 동일하게 취급하는 포괄적이고 확장된 '자아'Self가 등장한다. 네스는 후자를 생명 평등의 주체로 보았다. 그의 근본적 생태주의는 인간을 자연의 일부로 파악하는 도가 철학, 자기 안의 불성을 밝혀 우주적 인간으로 거듭나는 불교의 인간관(물아일체物我一體, 범아일여梵我一如) 같은 동양의 사유에서 많은 영향을 받았다.

1975년, 오스트리아 출신의 물리학자 프리초프 카프라(1939~)도 『현대물리학과 동양사상』이라는 저서에서 서구의 원자론적이고 기계론적 세계관에 생태 위기의 원인이 있음을 주장하며, 동양철학과 신과학에서 이를 대체할 해결책을 찾으려 했다. 당시 서구에서는 양자역학, 카오스 이론, 진화생물학, 인지과학 등 이전의 원자론적 관점을 넘어 전일적 관점을 주장하거나, 적자생존을 넘어 공생 진화 개념에 근간한 신과학이 일종의 문화운동으로 펼쳐지고 있었다. 영국의 물리학자 제임스 러브록(1919~)의 '가이아Gaia(지구어머니)' 이론도 그 한 예였다. 카프라는 도가 철학, 불교 철학, 또는 선禪사상 등에서 줄곧 견지해 온 유기체적 세계관과 우주적 자아 개념을 서구의 과학이 진지하게 검토해야 한다고 보았던 것이다.

근본생태주의는 지금까지 서구의 지배적 세계관으로 작용한 기계적 세계관과 인간중심주의가 인간의 자연 지배를 정당화하고 생태적 법칙과 자연에 내재한 본연의 가치를 훼손함으로써 과학혁명을 가능하게 했고, 그 결과로 현대의 산업 문명이 탄생했다고 본다. 하여 이들은 반산업사회 또는 산업사회 이전의 사회 형태를 지향하기도 한다. 또한 정치적 활동보다 삶의 질적 가치 회복과 생태 의식 고양을 통한 자기실현을 강조하는 경향이 있다.

그들이 추구하는 사회는 이념에 의한 규제나 국가 개입이 아니라, 확장된 자아의 내적인 규제로 달성된다. 이를 위해서는 단순한 의식 변화를 넘어 영적 차원의 변화, 즉 새로운 영성이 필요하다. 그 대안이 바로 '생태적 영성'이다. 생태적 영성은 나와 남을 구분하지 않고 우주적 원리와 일체가 되려는 내면의 성숙에서 비롯한다.

이처럼 동양사상이 생태주의의 사상적 토대로서 떠오르는 것은 매우 고무적이지만, 한 가지 지적해 둘 점도 있다. 다양한 유파의 동양철학이 모두 생태중심주의는 아니라는 것이다. 예를 들어, 이른바 도교로 알려진 노장사상이 자연과 생명의 도道를 역설한 것은 유교의 인의예지仁義禮智라는 인위적인 도덕 관념과 그로 인한 당시의 사회적 폐해를 비판하기 위해서였다. 즉, 동양사상도 상이한 이론 체계를 가진 다양한 생각들이 서로 겨루면서 전개되어 온 것인데, 현재적 관점에서 그것을 모두 하나의 사상으로 보아 대안 철학으로 삼으려는 태도를 경계해야 한다.

이러한 태도는 동양철학을 무턱대고 서양철학보다 우월시하는 인식의 결함일 뿐만 아니라, 동양과 서양을 전혀 무관한 것으로 분리해 버리는 이분법적 사고에 지나지 않는다. 이렇게 되면 근본생태주의가 극복하고자 한 우월적 사고, 이분법적 사고에 다시 갇히고 만다. 산업사회가 초래한 사회문제와 환경 위기를 해소할 대안을, 그것의 직접적 원인과 무관한 동양의 고전적 이상에서만 찾는다는 것도 알맞지 않아 보인다.

이렇게 비판한다고 해서 동양적 사유가 결코 대안이 될 수 없다고 주장하는 것은 아니다. 서구에서 발달한 인간중심주의의 한계를 극복하는 새로운 생태 사상을 우리의 생태 문제에 대한 반성과 토론을 종합해 우리 스스로 주창할 필요가 있다. 이때 인간중심주의를 극복한 결과가 반드시 반反인간중심주의일 필요는 없다. 자연에 가치가 들어 있다는 생태중심주의에 의미를 부여할 수 있는 존재도 결국 인간이기 때문에, 인간이 가진 가치는 존중받아야 한다.

근본생태주의는 생태 담론이 잊어서는 안 될 핵심을 일깨우지만, 자연을 지나치게 강조한 나머지 그것을 신비화하고 결국 인간의 존재 가치를 깎아내리는 극단적 근본생태주의를 낳았다.

1980년대 말 내가 중학생일 때다. 윤리 선생님이 수업시간에 찰리 채플린의 무성영화 '모던 타임즈'를 보여 주셨는데, 그 영화를 보고 몹시 불편했던 기억이 있다. 한낱 기계 부속품처럼 사용되는 노동자의 모습을 웃기도록 슬프게 만든 그 블랙코미디라는 장르가 매우 불편했던 모양이다. 게다가 선생님이 하필이면 나에게 영화를 본 소감을 말해 보라고 하셨다. 지금까지도 선명하게 기억하는 내 대답은 "세상을 이렇게 만들어 가는 인간은 다 멸망하고 맨날 우리가 잡아 죽이는 바퀴벌레가 이 세상을 지배해야 된다고 생각합니다!" 였다. 내가 왜 그런 대답을 했는지 오랫동안 스스로도 이해할 수 없었다.

한동안 잊고 있었던 이 일이 최근 다시 떠오른 계기가 있다. 내 강의를 듣는 학생 한 명이 지구상에 인간만 없어지면 아무 문제가 없다는 취지의 발언을 한 것이다. 인간에게 해롭다는 이유만으로 보이는 대로 제거되는 바퀴벌레가 주인이 되어야 한다거나, 인간이 지구상에서 사라져 버려야 한다는 생각은 매우 거칠기는 하지만 극단적 생태중심주의의 주장과 닮았다.

내가 아는 생태중심주의자 중 한 교수는 진정한 생태중심주의는 자연을 파괴하는 농업도 해서는 안 되기 때문에 수렵 채취 시대로 돌아가야 한다고 주장하기도 한다. 틀린 말은 아니지만 이는 인간혐오주의와 궤를 같이한다.

환경은 인간의 무한한 욕구를 충족시킬 능력이 없다. 인구 성장은 환경의 부양 능력이 상한선에 해당하는 시점에서 멈출 수밖에 없다. 따라서 그 한계를 넘어서면 빈곤과 기아 등 부정적인 결과를 초래할 것이라는 위기론이 있었다.

일찍이 1789년, 영국의 성직자이자 경제학자였던 토머스 맬서스(1766~1834)가 그의 책 『인구론』에서 기하급수적으로 증가하는 인구에 비해 식량은 산술급수로 증가해 인구 증가에 따른 빈곤은 피할 수 없다고 주장했다. 1972년에는 로마클럽이 「성장의 한계」라는 연구보고서를 발간해 인구 증가에 따른 위험한 인류의 미래에 대해 경고했다. 이들의 주장은 환경문제의 근본적 원인이 결국 인구 증가에 있다는 주장의 토대가 되었다.

하지만 이러한 숙명론적이고 비관론적인 분석으로 인간 사회를 통째로 부정하고 깎아내리기에는 속 시원히 설명되지 않는 사실들이 있다. 제3세계 개발도상국이 인구 억제 정책의 대상이 되었다. 농경지 면적이 늘지 않는 이유가 개발도상국의 급속한 인구성장률 때문일까? 토양 침식이나 기후변화 때문일 수 있다. 또, 선진국의 기호식품 공급을 위해 환금작물을 재배해 온 결과로 농경지가 사막화되고 있다. 이로 인해 많은 저개발국이 식량 자급 불능 국가로 전락했다.

같은 예로, 1인당 식량 생산은 줄었지만 영양 섭취량은 오히려 늘었다. 그 이유는 육류 섭취량이 늘었기 때문이다. 이처럼 늘어나는 육류 소비를 충족하려면 식용 동물의 사료를 만들기 위한 곡물을 그만큼 더 심어야 한다. 이 곡물이 기근에 시달리는 아이들의 식량이 될 수 있다는 사실을 깨닫는 순간, 생태중심주의의 극단성을 꼬집기 이전에 산업화를 주도한 인간중심주의 안에 더 철저하게 반성하고 해결해야 할 숙제가 있음을 알게 될 것이다.

자연 위에 사람, 사람 위에 사람

동양사상을 근간으로 한 근본생태주의가 20세기 이후 나날이 심각해지는 생태 위기를 극복하는 데 중요한 몫을 했다. 하지만 그 것만으로는 설명이 안 되고 극복하기 어려운 부분이 있었다. '자연에 대한 인간의 지배'뿐만 아니라 '인간에 대한 인간의 지배'가 그것이다. 오히려 이것은 우리가 '자연에 대한 인간의 지배'보다 더욱 직접적이고 일상적으로 경험하는 문제이다. 이 문제가 해결되어야 진정한 생태적 사회가 될 수 있다고 주장하는 사람들이 있다.

사회생태주의Social Ecology를 주장한 미국의 머리 북친(1921~2006)

이 대표적이다. 북친은 앞서 언급한 학자들과 달리 평생을 노동자로 살았으며, 사회생태주의연구소와 독일 녹색당 창당에 크게 기여했다.

그는 근본생태론자들이 주장하는 세계관 전환, 가이아와의 영적 관계 회복보다 선결되어야 하는 것이 인간에 의한 인간의 지배라고 보았다. 인간에 의한 인간의 지배는 위계 서열적인 사회질서에서 기인하는 구조적인 문제다. 그래서 '근본'deep생태주의가 아니라 '사회'social생태주의라고 한다.

사회생태주의는 근본생태주의가 의도치 않게 놓친 문제들에 대해 주의를 환기시킨다. 먼저, 인간이 자연의 일부분이고 여타 생명체와 동일한 존재일 뿐이라는 근본생태론자들의 주장은 자칫 인간 혐오주의를 생산할 우려가 있음을 제기했다. 그리고 생태계 위기는 깨달아야 하는 '도'라기보다는 구체적이고 현실적인 '사실'의 문제이다.

위계화된 사회관계가 비위계적 질서의 자연마저 위계적 사회질서에 편입시켜 자연 질서의 다양성을 파괴했고, 자연 질서를 근간으로 형성되었던 윤리적 토대가 무너졌다. 이러한 사회구조에서는 지배계급의 이익을 위해 피지배계급을 착취하는 일이 자연스럽게 생기고, 나아가 인간은 자신의 필요 이상으로 자연을 착취하기에 이르렀다. 인간에 의한 인간 지배가 인간에 의한 자연 지배를 불러왔다고 파악한 것이다. 따라서 위계질서와 지배의 해체가 생태 위기의 유일한 해결책이다.

이에 북친은 '도덕경제'를 제시한다. 도덕경제는 공동체적 자치가 가능한 직접민주주의를 따른다. 지역 형편에 맞는 적정기술을 채용하고, 개인들은 자신의 능력에 따라 일하고 필요에 따라 생활하는 도덕적 의무와 윤리적 책임을 다한다. 이 내용으로 보건대 도덕경제는 근본생태주의의 주장과 큰 차이가 없다. 다만, 억압에 저항하고 자유의 이상을 추구해 온 역사가 증명하듯, 인간에게는 기계적 인간관과 비인간적 기술에 예속되지 않을 능력이 있다는 점을 강조했다.

도덕경제에 담긴 정치적 측면을 살펴보면, 중앙집권주의를 배격하고 지역자치를 추구하는 점에서 아나키즘 성향에 가깝다. 하지만 자유로운 개인들이 자유로운 연합에 의해서가 아니라 합의한 규범, 즉 윤리적 책임을 의식적으로 수행할 때 공동체의 존립이 가능하다고 보는 점에서는 아나키즘과 차이가 있다. 일반적으로 무정부주의로 번역되는 아나키즘은 실은 중앙집권적 구조인 정부 자체를 부정하는 것이 아니라 모든 억압과 지배체제를 부정하는 것이 골자이다. 아나키즘은 자유로운 개인들의 자유로운 연합을 추구하기 때문에 종종 무질서해 보이기도 한다. 북친은 합의한 규범, 즉 윤리적 책임을 고려한다는 점에서 이러한 아나키즘과는 차이가 있다.

아나키스트로 잘 알려진 프랑스의 피에르 프루동(1809~1865)이나 구소련의 표트르 크로폿킨(1842~1921)도 중앙집권적 권력을 부정한다. 그렇지만 이들은 파괴적 혁명보다 비폭력 혁명을 통해 지역에서 소규모 '코뮌'communes을 만드는 이상을 실현하고자 했다. 이 점이 바로 사회생태주의자 북친이 이들 19세기 사회사상가에 주목한 이유였다.

크로폿킨은 대표작 『상호부조 진화론』에서 산업사회 이후 지속적인 경제발전을 위해 강조된 경쟁 개념을 비판했다. 그는 종種이 진화하기 위해서도 투쟁보다 협동과 협력이 더 적절하다고 주장했다. 크로폿킨은 자신의 주장을 입증하기 위해 인류 역사상 가장 오랫동안 지속된 제도인 '상호부조'를 근거로 들었다. 산업과 농업, 정신노동과 육체노동, 인간과 자연의 균형을 제시하며 개개인이 주도권을 가지고 자유로운 연합 속에서 각자의 발전을 충분히 독려하고 협력한다면, 소비자와 생산자 협동조합뿐만 아니라 국가 차원의 협동조합 또는 국가와 국가 간의 협동조합도 가능하다고 주장한다.

프랑스의 샤를 푸리에(1772~1837)와 영국의 로버트 오언(1771~1858) 역시 기존의 사회주의자들이 주장하던 노동자 계급투쟁이라는 급진적 혁명 대신 사회 변화와 개선을 위해 사회정치적 상상력을 조직해야 한다고 했고, 실제로 자신들의 생각을 현실화했다.

푸리에는 진보적 사회는 자유로운 표현의 권리를 옹호하므로 개인의 열정을 용인하고 이를 상호 연합해 나간다고 보았다. 그는 자유로운 개인은 모두 저마다 조화로운 세상을 위해 창조적 역할을

행하며, 자유로운 노동과 자유로운 삶이 가능할 때 자기만족을 이룬다며, 산업사회의 인간소외와 노동 소외를 넘어서기 위해 '팔랑크스'Phalanx라는 마을공동체를 제안했다.

오언은 산업혁명의 본거지인 자국의 상황을 적나라하게 목격했다. 산업혁명은 생산의 비약적인 성장을 가져왔지만, 그와 동시에 처참한 빈곤, 각종 사회악, 심각한 수준의 실업을 낳았다. 그는 공장을 중심으로 마을공동체 '뉴라나크'New Lanark를 꾸렸다. 이곳에서는 평등, 정의, 개방성, 공명정대 같은 조합의 원칙에 기반한 협동이 이뤄졌다.

이들이 보여 준 유토피아적 전환은 마을공동체를 중심으로 한 분권적인 사회의 모습이다. 함께 협엽함으로써 노동 소외를 극복한다. 중앙집중식 정치구조를 탈피해 분권화되고 투명한 개방형 참여자치를 추구한다. 대량생산 체제를 벗어나 지역에서 지역에 적절한 수요와 공급을 유지해 지역민과 지역경제가 조화를 이룬다. 혁명과 투쟁을 통한 체제 전복이 아니라, 이상을 실천해 대안을 선보였다. 요컨대, 이들의 실험은 구체적인 실천 방안에서 차이는 보일지라도 한결같이 협동과 협력, 조화와 공생이라는 생태주의의 기본 정신에 입각해 있다.

영국의 윌리엄 모리스, 독일의 루돌프 바로(1935~1997), 프랑스의 앙드레 고르즈(1923~2007)는 오언과 푸리에의 사상과 실천 방식인 분권화된 지역자치 개념을 계승하고, 이에 더해 자연 친화적 삶까

뉴라나크는 1786년 데이비드 데일이 방적공장과 공장 일꾼들을 위한 집을 지은 마을에서 시작되었다. 로버트 오언은 데일의 사위였다. 사회사상가였던 사위가 제시한 청사진에 따라 마을을 운영한 결과, 뉴라나크는 이상적 사회주의를 실현한 공동체의 전형이라는 역사적 이정표를 세우게 되었다. 스코틀랜드에 자리한 뉴라나크는 수려한 자연 경관을 자랑한다. 뉴라나크는 석탄과 땔감을 화력으로 삼는 증기기관을 사용했던 산업혁명기의 방적공장과는 달리, 수력을 이용함으로써 자연에 해를 끼치지 않는 생산방식을 채택했다. 잘 보존된 자연과 마을의 역사성 덕분에 이곳은 유네스코 세계문화유산으로 지정되었다.

지 추구하는 이상 사회를 그렸다. 근시안적이고 원자론적이며 기계론적인 사고에서 탈피해, 지금 여기에서 함께 공생하자는 전일적 세계관을 견지한 덕분에 자연을 지배하는 대신 생태공동체에 참여하려는 실천적 의지가 강하다.

모리스는 『유토피아에서 온 소식』News from Nowhere에서 생태공동체는 생산을 숭배하던 사회구조가 자유노동과 장인 정신을 중시하고 햇빛, 신선한 공기, 오염되지 않은 땅과 음식, 그리고 끊임없이 지혜를 나누는 사람들로 구성된 자유로운 사회이며, 생태적 윤리와 인류애가 가득한 사회라고 밝힌다.

독일 녹색당 창당의 주역인 바로도 지역적으로 관리할 수 있는 규모의 코뮌을 제안하고, 이러한 코뮌이 모여 '해방된 구역'이라는 이상 사회를 구성할 수 있다고 말한다. 이곳은 정치·경제·사회적으로 변혁된 곳일 뿐만 아니라 도덕적, 영성적 영역까지 전환된 곳이다. 바로는 예수나 부처처럼 본보기가 되는 인물들이 그랬듯이 새로운 인간상을 밖에서 찾지 말고 우리 내면에서 찾아야 한다고 강조한다. 바로는 정치의 영성화를 핵심으로 본다. 내적 가치를 중시하는 영성화된 사람들이 함께 문제를 해결해 나가는 곳이 코뮌이다.

고르즈 또한 시장이 중심이 되는 필요 영역을 최소화하고, 자율 영역에서 협동조합 등을 통해 스스로 관리하고 스스로 동기화된 활동을 추구하자고 주장했다.

이러한 사상가들이 이론을 세우고 그것을 현장에서 실천하는 이유는 무엇일까? 태어난 존재는 누구나 살아가는 동안 행복해야 한다. 이 실존적 행복을 제대로 추구하기 위해서는 지금의 사회에 근본적인 변혁이 일어나야 한다고 보기 때문이다. 이들이 우리보다 앞서 고민하고 실천한 발자취를 남겨 놓은 덕분에 새로운 대안을 찾는 사람들에게는 큰 힘이 되었다.

만약 이러한 생태 사상들이 우리 현실에서는 결코 접목할 수 없는 이상만을 부르짖었다면, 지금 이 책에서 이렇게 이야기할 필요도 없었을 것이다. "이론은 이론일 뿐이야." "유토피아는 현실에 존재하지 않아."라는 비아냥을 감수해야 함은 말할 것도 없고.

생태 사상이 그리는 꿈이 현실에서 실현된 '에코토피아'를 실제로 만들어 가는 사람들이 있다. 개인의 내면의 소리를 모아서 문제를 해결하는 '조율'을 실천하고, 허드렛일이라 귀찮기만 한 부엌일을 '부엌 치료 요법'Kitchen Therapy이라고 하면서 웃고 노래하며 함께 설거지하는 핀드혼 사람들. 생태 뒷간에 쌓인 똥은 누가 푸느냐는 질문에 "내가 푸지!"라고 하시는 도법 스님과 인드라망 사람들.

생태 사상의 실현 가능성에 회의적인 사람들은 "생태 마을 사람들이니까, 딴 세상 사람들이니까 가능하다."고 단정하려 든다. 과연 그럴까?

갓난아이를 봐줄 사람을 찾지 못해, 토론 수업 시간에 아기를 업고 온 학생이 있었다. 그 학생을 위해 토론 시간 내내 대신 아기를 안아 주던 교수가 있었다. 슈마허 대학의 이야기가 아니라 런던 정경대학교에서 겪었던 일이다. 대중강연에 조금 늦게 도착해 강의실에 앉을 자리가 없자 스스럼없이 바닥에 앉아 강연에 귀를 기울이던 노교수가 있었다. 이 장면도 대안을 실천하는 곳에서 마주친 모습이 아니라 내가 박사 과정을 밟았던 일반대학에서의 모습이었다. 이런 일도 있었다. 영국의 토니 블레어 전 총리가 한 기업을 방문해 사원들에게 악수를 청했다. 사원들은 회의 중이라는 이유로 의자에 앉은 채로 손만 내밀었다. 물론 총리도 개의치 않았다. 에코토피아는 그럴 때 바로 우리 곁에서 실현된다.

콩 세 알과 두레 그리고 정농正農

"서구에서 만들어진 생태 마을이니 에코토피아니 하는 생소한 단어를 가지고 들어와서 우리에게 적용하려고 하지 마세요. 시골 촌부들은 전통 자연농법과 유기농법을 누구보다 잘 알고 있어요. 그러니까 지금 여기 계신 분들한테서 배우면 돼요. 특히 지역에서 오랫동안 농사를 지어 온 어른들에게서 그들의 기술, 자연과 함께 살아가는 지혜를 더 늦기 전에 배워 둬야 해요."

내가 아는 귀농학교 선생님의 말씀이다. 백번 옳은 말씀이다. 내가 어렸을 때 우리 할머니는 설거지한 물을 마당에 뿌릴 때마다 "홋

세!"하고 외치셨다. 왜 그러냐고 여쭸더니 "그냥, 놀라지 말라고." 하셨다. 그때는 그게 무슨 말씀인지 몰랐지만 지금은 안다. 땅 위, 흙속의 하찮은 생물들도 인간과 함께 숨 쉬고 살아가고 있다는 사실을 한시도 잊지 않았던 그 삶. 우리 조상들은 새 한 알, 벌레 한 알, 나 한 알 먹겠다 생각하고 씨를 심을 때도 한 구멍에 세 개씩 심었단다. 그러고 보면 우리 조상들은 워낙에 처음부터 근본생태주의자나 다름없었던 것 아닌가.

그런데 대체 우리는 언제부터 농사를 짓기 위해 종자, 비료, 농약, 기계 따위를 사기 시작했고, 또 그러면서 빚더미에 앉게 되었을까. 한국에서 근대산업화가 어떻게 생태적 파괴를 가져왔는지, 이러한 과정이 환경 파괴뿐만 아니라 땅과 결부된 사회·경제·문화적 가치는 물론 서로 배려하는 협동 정신까지 앗아 갔는지 살펴볼 필요가 있다.

1910년 일본의 식민 지배가 시작되면서 일본은 한국 경제를 공식적으로 장악했다. 일차적으로 토지소유권을 빼앗기 위해 토지개혁을 실시했다. 이는 마을 공동의 농지 개념을 없애 버리는 계기가 되었다. 토지개혁은 한국을 쌀 공급지이자 값싼 노동력 수탈지로 변모시켰다. 무엇보다도 농민을 농지에서 분리시키게 되었다.

시장경제가 농촌에 도입되자 공동의 필요에 따라 결정되었던 생산 활동은 개인의 이익을 위한 것이 되었고, 땅에서 분리된 농민들은 임금노동자가 되었다. 농민들의 일상은 마을 생활의 근간이던

'두레'로부터 분리되어 마을 공동체의 자립성과 협력 정신은 사라져 갔다. 근대화는 자급자족하는 마을 공동체의 물질적, 구조적, 심지어는 정신적 기반까지 모조리 흔들어 놓았던 것이다.

논이 대부분인 우리 농촌에서 땅은 기본적 생계수단 그 이상이었다. 논농사를 짓는 데는 가족농 단위가 적합하지 않다. 논농사에는 많은 노동력이 필요하고, 이를 해결하기 위해 농촌에서는 협동 노동이 가능한 조직을 만들었다. 그것이 '두레'다.

두레는 논농사의 결과라 해도 과언이 아닌 셈이다. 모내기와 김매기는 논농사 중 매우 중요한 작업이다. 특히 김매기는 한여름에 극도로 집약적인 노동력이 투입되는 작업이다. 그해 논농사를 위해 두레 농군들은 함께 모여 일을 조직하고 계획한다. 두레는 참가하는 농민이 모두 의사 결정에 참여하기에 정치적으로도 자치를 이룬다.

두레는 공동체의 경제 기반이 되었으며 공동 노동을 통해 생산성도 늘어났다. 개인이 따로 일해서 사흘 걸릴 것이 두레가 나서면 이틀이면 된다. 두레는 과부나 노인, 장애를 가진 이들의 농토를 포함한 공동체 내 모든 땅에서 일한다. 따라서 두레는 노동 조직으로서만이 아니라 협동과 공동체의 지혜를 가르치고 전수하는 교육 시스템 구실을 했다.

일하는 동안 두레 구성원들은 함께 먹고 함께 쉬었다. 동이 트기 전에 일을 시작해 강도 높은 몇 시간 노동 후 막걸리와 참을 먹었다. 참이나 점심은 공동체 가족들이 돌아가며 준비했다. 식사 후

한여름 더위를 피하기 위해 노래와 춤으로 흥을 돋우고 잠시 낮잠을 자기도 했다. 이런 모습을 목격한 당시 서구인들은 한국 사람들이 일하지 않고 놀기만 한다는 기록을 남기기도 했다. 코끼리 꼬리를 보고 코끼리를 보았다고 한 격이다. 일을 할 때는 노동요를 부르는데, 선창과 후렴을 주고받으며 노동의 고단함을 잊을 수 있었다. 적절한 휴식과 음악은 육체노동의 피로를 즐거운 일로 전환시켜 주는 중요한 구실을 했다.

함께 일하고, 함께 쉬며, 함께 노래하고, 함께 막걸리 한잔을 나누는 것은 일의 능률뿐만 아니라 그 이상의 것, 공동체의 협동심보다도 더 큰, 살아가는 이유, 삶 그 자체에 의미를 부여했다. 일제 식민정부가 양조와 농악을 금지시킨 목적을 짐작하게 하는 대목이다.

2차대전이 끝나고 일본이 패전국이 되어 한국에서 물러간 뒤에도 식민 시대는 끝나지 않았다. 한반도는 38선을 경계로 미국과 구소련의 헤게모니 전쟁판이 되었다. 남한은 1960년 기준 총수입의 90%가 미국산이 될 정도로 심각한 의존 관계에 놓여 있었다. 하나의 식민 시대가 끝나고 또 다른 식민 시대를 맞은 듯했다.

1970~1980년대 한국 경제는 강력한 중앙집중 권력인 박정희 군사독재 정권이 주도한 수출 중심의 산업화 전략으로 급속한 경제성장을 이루었다. 박정희의 새로운 근대국가는 각종 화학비료와 농약 수입에 의존한 녹색혁명인 '새마을운동'을 통해 가열차게 이루어졌다. 이처럼 압축적인 경제성장을 하는 동안 한국은 지역과 자연

과 사람을 잊었다.

쿠바의 경우 우리와는 반대로, 의존했던 무역국과의 관계가 갑작스레 무너진 경험을 했다. 때문에 식량 수입뿐만 아니라 각종 화학 비료, 농약, 농업용 석유 등의 수입이 반 이상 줄었다. 갑작스레 막힌 수입로 때문에 국민 식량 충당에 비상이 걸렸다. 쿠바는 사태 해결을 위해 국가적 차원에서 유기농업을 실시한다는 결단을 내렸다. 세계에서 유례가 없던 일이다.

쿠바의 과학자들은 전통 농업 지식과 '첨단' 친환경 기술을 총동원해 새로운 유기농법 개발에 매달렸다. 결과는 어땠을까? 쿠바는 식량 자급에 성공했음은 말할 것도 없고, 유기농 운동을 펼친 덕분에 땅과 농부, 농촌을 되살려 놓았다.

어디 농촌뿐일까. 병원 마당, 식당 옥상 등 도시 곳곳에서 텃밭을 가꾸었다. 국제관계의 악화로 졸지에 식량난을 맞았는데도 심각한 기아 사태가 잇따르기는커녕 수입에 의존한 관행 농사를 할 때보다 훨씬 더 건강한 음식을 먹게 되었다. 육식 감소로 비만도 사라졌다. 나라 전체의 사람살이 여건이 위기 이전보다 나아졌다. 국가적인 위기를 뚝심 있게 지혜로 풀어 간 것이다.

자, 우리도 지혜롭게 우리 먹을거리를, 우리 지역에서, 우리가 생산하면 된다. 그것도 우리의 '정농'正農으로 말이다. 자본을 집약적으로 투입해 대량생산에만 골몰하는 관행농은 농작물도, 농부도, 소비자도, 땅도, 그리고 이들의 관계도, 그 어느 것도 돌보지 않았다.

쿠바의 도시농업. 쿠바의 수도 아바나는 인구 220만 명이 사는 대도시이지만 도시 곳곳의 텃밭에서 온갖 채소가 자라고 있다.

정농이란 농업의 본래 모습이다. 산업화 이전 한국의 전통적인 농법은 환경에 미치는 피해를 최대한 줄이고 적정기술을 활용해 지속 가능한 농업을 가능하게 했다. 인간이 땅 위에서 다른 생명체와 공존하는 삶을 파괴하지 않았기에 인간과 인간이 함께 살아가는 공동체 문화의 기초도 되었다. 정농은 공생공존이다. 이렇듯 한국적인 생태 사상은 땅에서 시작한다.

나는 우주, 나는 밥

유가, 불가, 도가에서 찾아볼 수 있듯이 자연 속 모든 존재물과 인간의 관계를 전일全一적인 관점에서 파악하는 전통은 서양보다 동양에서 일관되게 전해진 것이 사실이다. 유가에서는 천지인 삼재의 우주적 질서로 인간사를 해석했다. 자연自然이라는 한자에서 보듯 스스로 그러한 것이 자연이며, 이러한 자연인 천지는 만물로 구체화되고, 구체화된 만물은 천지로 환원되니, 결과적으로 너와 내가 하나가 된다.

마찬가지로 『주역』에서 보는 천지만물의 생성과 변화의 원리, 우주 궁극의 원리인 기氣, 그 기의 두 측면인 음양도 연속적이고 유동적으로 변화하지만 동시에 영원불변하는 것이니, 서로 다른 너와 내가 동시에 하나이다.

도가에서도 "사람은 땅의 뜻을 따르고, 땅은 하늘을 따르고, 하늘은 도를 따르고, 그 도는 자연을 따른다."人法地 地法天 天法道 道法自然 고 했으니 자연과 인간의 조화로운 삶을 지향한다. 불가에서는 모든 존재는 소멸도 시작도 없는 윤회에 있으니 자연 또한 그 존재의 일부이므로 공생과 자비의 대상이지 지배와 투쟁의 대상이 아니라고 본다.

일제의 식민 침탈 이전, 당시 조선은 화폐경제가 발달하면서 농민 사이에서도 다양한 분화가 빠르게 진행되었다. 서구 사회와 마찬가지로 토호의 횡포와 착취가 심각해지고 이에 따른 반봉건 사상이 확산되던 시기다. 설상가상으로 세도정치의 폐단과 서구 열강의 잦은 침략은 반외세라는 민중 사상을 고취시켰다. 이러한 위기에 직면한 민중에게 기존의 유불도 사상은 큰 힘이 되지 못했다.

1860년 최제우는 기존 사상들에 사회개혁 정신과 인본주의를 결합했다. 사람은 본래 하늘의 성품을 가졌기 때문에 사람이 곧 하늘이고 하늘이 곧 사람이다(시천주侍天主, 인내천人乃天). 하여 모두가 하늘처럼 존귀한 한울님이기에 사람 대하기를 하늘 섬기듯 하자(사인여천事人如天)고 설파했다. 이러한 사상은 1894년 동학농민혁명의 정신적 근간이 되었다.

앞서 살펴보았듯이 각종 사회문제와 환경문제를 먼저 경험한 서구는 생태적 패러다임을 유지해 온 동양사상에서 자신들의 대안을 찾기 시작했다. 그들과 같은 위기를 맞은 우리도 마찬가지 고민을 했다. 생명사상가이자 실천가인 무위당 장일순 선생은 천주교 신자였다. 그는 우리 품성에 맞게 유불선과 평등사상을 아우른 동학사상에, 서구 종교철학, 즉 서학까지 융합해 냈다.

무위당 장일순 선생님.

예를 들어 『나락 한알 속의 우주』에서 그가 해석한 '이천식천以天食天'은 한울이 한울을 먹듯, 예수가 피와 살을 나누었듯, 생명이 깃든 존재들은 서로의 생명을 함께 나누는 매개체이다. 나락 한 알에도 우주 만물의 양육 작용이 있음을 뜻했다. 밥 한 그릇에 하늘, 땅, 사람, 우주가 있다는 말이 그래서 가능하다. "천지만물 막비시천주야天地萬物 莫非侍天主也"라는 문장은 하늘, 땅, 세상의 풀벌레가 모두 한울님을 모시고 있으므로 모든 생명은 평등하고 귀하다는 뜻을 나타낸다.

1980년대 주류를 이루었던 반독재 반체제 운동과 달리, 장일순의 생명사상은 공동체적 가치, 생명 중심의 가치를 내세웠다. 이러한 그의 대안적 생명 사상은 비폭력을 앞세운, 생활에서의 직접적 실천으로 나타났다. 1989년 발표된 「한살림 선언」은 그 사상의 체계적인 모습을 천명한 것이었다.

서구에서 탈근대와 탈산업 문명을 기치로 내걸고 '문화변혁 운동'

이 전개되었다면, 우리 사회에서 그것은 '생명운동'의 이름으로 펼쳐졌다. 한살림이 그 운동을 앞장서서 이끌었다. 도시와 농촌, 인간과 자연, 사람과 사람 사이의 협동과 공동체성을 회복하자. 그러려면 땅을 살리고, 밥상을 살리고, 생명을 살리는 구체적인 실천이 같이 있어야 한다. 「한살림 선언」이 선언에 머무르지 않고 '한살림'이라는 소비자생활협동조합(이하 생협)으로 탄생한 이유이다. 생협은 녹색혁명이라는 미명 아래 정부에서 추진한 관행농을 거부한다. 땅을 살리기 위해 오랜 세월 정농, 유기농을 해 온 농부들이 생산한 먹을거리를 고맙게 받는다.

1980년대의 한살림 운동을 필두로, 1990년대 이후에는 마포두레생협, 광명YMCA생협, 원주협동조합지역사회, 홍성풀무생협, 팔당생명살림, 여성민우회생협, 정농생협, 아이쿱생협 등 다양한 방식의 생협이 생겨났다.

유기농산물 직거래를 통한 밥상 살리기 방식의 활동 외에도 생협에서 하는 일은 다양해졌다. 도농간 직거래, 생태 마을 만들기, 대안 학교, 귀농, 공동육아, 지역화폐 사용하기 등. 우리네 공동체에서 벌이고 있는 이처럼 다양한 대안운동은 지역의 형편과 생활 여건에 따라 앞으로도 더욱 다양하게 확장해 나갈 것이다.

생명운동은 물질주의에 경도된 의식을 자각하고 나아가 자연스럽게 삶의 양식을 근원적으로 변화시키고자 하기 때문에 종교적 차원에서도 적극적으로 수용된 특징을 보인다. 한살림 운동의 생명철학은 애초에 동학(도교)을 근거로 삼았고, 생협 조직은 천주교 교구에서 해 오던 농산물 직거래운동의 지원을 받아 시작되었다.

앞에서 얘기한 '푸른평화운동'도 내 모교가 미션스쿨이었던 까닭에 실천한 생명운동의 일환이었다. '우리 밀 살리기 운동'도 원래 가톨릭농민회의 주요 활동이었다. 부천YMCA의 '등대운동'과 'YMCA 민들레홀씨 생명사랑 공동체 운동'은 기독교 관련 단체 안에서 생협 활동이나 지역사회 활동을 펼친다.

불교계의 생명운동은 한국불교환경교육원(현 에코붓다)이 운영하는 생태학교와 생명운동 아카데미에서 중요한 몫을 해 왔다. 이들이 속한 정토회는 생명운동에 대한 불교철학적 고찰뿐만 아니라 대중을 상대로 '빈그릇 운동'과 '지렁이 보급 운동'을 벌여 왔다. 빈그릇 운동은 깨끗이 비운 밥그릇에 물을 붓고 김치 한 조각으로 설거지를 해 그 물까지 마시는 불가의 발우 공양을 본떴다. 10여 년 전 10만인 빈그릇 서약 캠페인으로 시작된 이 운동은 현재는 대중화되었지만 초기에는 쉽지 않았다. 식당에서 반찬을 물릴라치면 주인장은 괜찮으니까 그냥 드시라 했다. 그때는 일일이 괜찮지 않은 이유를 설명해야 했다. '쓰레기 제로'를 목표로 옥상에다 지렁이를 키워 음식물 쓰레기를 완전 퇴비화하자는 운동도 잘 알려진 정토회의 생활양식 전환 운동이다.

정토회 실무자들이 공동체 생활을 하면서 실천하고 있는 생활윤리는 더 엄격하다. 적정 난방온도를 유지하기 위해 잘 때는 침낭을 사용한다. 포도 껍질이나 귤 껍질은 웬만해서는 다 먹는다. 화장실에 휴지를 없애고 대신 뒷물을 한다.

환경문제와 물질만능주의 같은 사회문제에 눈을 뜬 대중들은 본래부터 무소유의 삶을 가르치고 실천해 온 불교를 새롭게 인식하게 되었다. '생태적 가치와 자립적 삶'을 기치로 결성된 전국귀농운동본부의 실습지로 3만 평의 토지를 제공한 실상사 인드라망생명공동체도 좋은 예이다. 생명운동에 종교계가 발 벗고 나선 사례는 더 있다.

'우리 땅 환경문제' 부분에서 자세히 설명했던 새만금 간척사업을 다시 한번 보자. 2003년, 종교계 대표들이 새만금 갯벌이 있는 전북 부안에서 출발해 서울로 향했다. 사티쉬 쿠마르가 시작했던 평화 시위 방식인 도보 행진보다 더 힘든 세 걸음 걷고 나서 절을 한 번 하는 '삼보일배'를 하면서 광화문에 다다랐다. 두 달이 넘는 기간이었다. 극도의 고행이나 다름없는 이 침묵시위는, 새만금 갯벌에서 10여 년 동안 벌어진 파괴와 죽음은 인간의 탐욕에서 비롯된 것이니 스스로 속죄하고, 세상의 속죄도 촉구하기 위해서였다.

비슷한 예로 같은 시기에 있었던 KTX 경부선 터널공사를 반대한 '천성산 도롱뇽 소송'이 있다. 내원사에서 천성산을 관리하던 지율 스님은 제대로 된 환경영향평가 없이 추진된 천성산 개발로, 1급수에만 사는 지표생물인 도롱뇽과 희귀 동식물이 죽음으로 내몰리는 것을 목격하고 개발 반대 운동을 시작한다.

삼천배, 삼보일배, 단식 등을 통한 지율 스님의 비폭력 생명운동 방식에 환경단체와 시민사회단체가 동참하고, '도롱뇽 소송인단'을 발족했다. 개발과 파괴에 익숙한 정부에게 도롱뇽을 원고로 삼아 자연의 법적 권리를 주장한 시민사회단체의 소송은 사회적 파문을 불러일으켰다. 도롱뇽은 소송자가 될 수 없고 환경단체도 가처분 신청을 할 사법적 권리가 없다는 법원의 기각에 지율 스님은 목숨을 걸고 100일간 단식했다.

　지율 스님이 여승이라는 이유로 그를 에코페미니스트로 평가하는 이도 있었고, 승려이기 때문에 불교의 생태 철학을 실천했다는 이도 있었다. 자신의 목숨보다 자연의 가치를 중요시하는 근본생태주의자라는 이도 있었다.

　나는 스님의 천성산 개발 반대 운동과 도롱뇽 소송은 어떤 사상이나 이론으로도 설명할 수 없다고 본다. 스님의 실천은 그에게는 그저 마땅히 해야 할 행동이었을 따름이다. 스님과 도롱뇽과 천성산은 한 생명이었을 것이다. 너와 나 모두가 중심이고 동시에 주변이기 때문에 내가 실천하고 참여할 수밖에 없다. 내가 우주고 내가 밥인 것이다. 사람들은 지율 스님에게서 모름지기 생명은 공존한다는 지고지순한 가르침을 얻었으리라.

　앞서 살펴보았듯이 대안적 패러다임을 갈구하던 서구의 사상가들에게 생태 중심적 사고로 비춰진 동양적 사유, 또는 철학은 그들의 생태 담론 생성에 중요한 구실을 했다. 그러나 동양적 세계관이

지율 스님은 극단적인 단식으로 죽음의 고비를 넘기고 돌아오신 후 가사에 수를 놓기 시작했다. 도롱뇽을 비롯하여 천성산에서 서식지를 잃은 많은 생명들을 기리고 잊지 않기 위해서였다.

대안적 역할을 할 수 있었던 이유는 자연에 대한 극대화된 신비감 때문이 아니라 지율 스님의 행동이 잘 보여 주듯 오히려 자연 또는 우주 만물과 함께하는 사회를 만들기 위해 인간 자신의 적극적인 참여와 실천을 요구하기 때문이다.

지금까지 살펴본 다양한 생태 담론과 생명운동은 '지금 여기 우리 함께'로 가치관의 전환과 생활에서 실천함을 바탕으로 사회 문화 전반에 걸친 변화를 꿈꾼다. 스스로 협력하는 생태 순환형 삶을 추구함으로써 자본에 의존적이지 않은 자립적 삶을 영위하고, 환경문제나 사회문제에 대해 수동적 방관자가 아니라 적극적 참여자가 되기를 꿈꾼다.

물론 전통적 사회학자의 시각으로 볼 때 문제점도 있다. 계급투쟁과 권력 쟁취를 통한 평등 사회 구축에 방점을 둔 구사회운동에 비해, 평화와 공존의 가치를 호소하는 생명운동은 얼핏 기존의 시장경제와 국가권력을 부정하지 않고 그 안에 머무는 듯 보인다. 중산층의 참여가 높다는 사실도 이를 방증한다. 꿈꾸는 사회에 다가가는 과정에서 소외 계층을 적극적으로 안고 가지 못한 점, 생활 실천을 강조하기에 체제의 구조적 극복은 놓치는 한계도 보인다.

기존의 환경운동 대부분이 대형 국책 사업 반대 운동이었으나 생명운동은 이를 넘어서 일상적 삶의 전환과 실천을 위한 담론 확장과 의식 향상에 기여했다고 평가할 수 있다. 동시에 이러한 생태 담론과 생명운동이, 그 근간인 동학사상에서 강조하는 천지개벽이 시급한 시대 상황임에도, 영혼까지 팔아야 하는 배고픈 젊은 세대에게 가 닿지 못하는 이유도 고민해야 할 것이다.

이야기가 무척이나 길어졌다. 여러 가지로 '고픈' 학생들이 긍정과 부정이 뒤섞인 시선을 보낸다. 내 한울님인 그들에게 나는 한돌의 노래를 들려준다.

"잠자는 한울님이여, 이제 그만 일어나요! 그 옛날 하늘빛처럼 조율 한번 해 주세요."

여성학 F학점

런던 정경대학교에는 디플로마Diploma라는 과정이 있다. 다른 대학에서는 석사 과정을 밟던 학생이 논문을 완성하지 못하면 과정은 수료했다는 의미에서 디플로마를 수여한다고 들었다.('디플로마'라는 영단어 자체가 학위 수료증을 뜻한다.) 런던 정경대학교의 디플로마 과정은 학부를 이미 졸업한 사람이 학부 전공과 다른 주제를 공부하고 싶을 때, 학부생과 똑같이 강의를 듣고, 과제를 제출하고, 과목별 시험을 통과하면 학위를 주는 프로그램이다. 다양한 국적을 가진 학생들이 모여 서로의 고충을 나누고 이해하면서 공부할 수 있는 대학원 석사 과정보다 학부 과정은 본토 수재들만 모여 있어 한층 살벌하다. 한국의 편입제도와 유사하지만 엄연히 대학원 과정이다.

요컨대, 전공이 다른 학부 학위가 있는 사람들에게 석박사 과정을 밟기 전 기본기를 제대로 다질 수 있는 기회를 주는 것이다. 학부 전공을 새로운 방향으로 확장하고 싶거나, 완전히 새로운 공부에 도전해 보고 싶은 사람에게 매우 요긴한 프로그램이기도 하다.

졸업 후 취업을 생각하라는 주변의 강권에 못 이겨 나는 소비자경제학, 경영학을 공부했지만, 사회문제를 파헤치고 해결의 실마리를 고민하는 공부를 해 보고 싶다는 미련을 버리지 못했다. 그래서 런던 정경대학의 사회학 디플로마 과정을 밟고 전공을 바꿀 수 있었다. (지금 와서 보면 모든 공부는 다 도움이 된다.)

얕디얕은 영어 실력으로 온통 영어로 된 전공 서적을 붙들고 앉아서 생애 처음 진실로 맹렬히 공부를 해야 했다. 서러워서도 울고 힘들어서도 울면서 얼굴이 눈물 콧물로 범벅이 되었다. 기숙사에서 내 머리 뜯으면서 고투하는 나날들이 지나갔다.

그 결과, 이론사회학, 사회과학 방법론, 사회변동론에서는 좋은 점수를 받았다. 이론사회학 수업에서는 사회학 발전과정에서 나타난 다양한 이론과 사상을 배울 수 있었다. 사회변동론은 여러 사회학 이론 중 갈등론을 연구한 사상가들의 논리를 주로 다룬다. 두 과목 모두 낯선 내용들이어서 소화하는 데 무척 애를 먹기는 했어도, 당시 내 머리를 꽉 채우고 있던 고민을 푸는 데 큰 도움이 되었다.

나는 사람들을, 그리고 사회를 옥죄는 어떤 틀의 존재를 어렴풋이 감지하고 있었다. 헌데 나로서는 그 틀의 정체를 좀처럼 포착할 수 없었는데 그것은 점점 더 공고해지기만 해 오래도록 답답했다. 그런 내가 다른 시공간에서 나와 비슷한 고민을 하고 실천을 해 온 선구자들의 논리정연한 가르침을 얻고 답답함을 풀 수 있게 되었으니, 어려웠지만 열심히 했다. 사회과학 방법론에서는 여론조사 분석 기법, 인터뷰, 참여관찰법 등 사회현상을 분석하는 양적 또는 질적 조사 방법을 배운다.

문제는 엉뚱한 데서 터졌다. 학부 때 교양과목으로 수강한 적이 있어 별걱정을 안 하고 있던 여성학에서 날벼락이 떨어졌다. 낙제를 한 것이다. 더욱 난감했던 건 재수강을 하고 시험을 다시 보려고 했지만 불가능했다. 다른 과목 점수가 우수해 총점이 높을 경우, 낙제한 과목조차도 재수강할 권리가 없었다. 교수에게 따지고 학교에 항의해 보았지만 나는 구제받지 못했다. 도대체 왜 나는 여자라면 쉽게 공감한다는 여성학에서 낙제점을 받았을까.

당시에 나는 인간과 인간, 인간과 자연 사이의 불평등을 주장하는 사회생태주의에 심취해 있었다. 그리고 내가 디플로마 수업을 들으면서 이해한 여성학자들의 주장은 이런 것이었다. 남성과 여성의 차이는 생물학적 차이에 지나지 않는다. 그런데 이 생물학적 차이가 사회 안에서 남녀차별로 구조화되어 사회적 문제를 낳는다. 구체적으로 말해, 여성의 월경, 임신, 출산, 수유 같은 생물학적 재생산 활동은 사회적 생산 활동에 차질을 주어 거추장스럽게 인식되면서, 여성보다 남성이 우대받는 차별과 불평등은 암묵적으로 강화되어 왔다는 것. 여기에는 남성중심주의에 대한 비판이 자연스럽게 내포된다. 하지만 내가 답안지에 적어낸 에세이 결론은 남성중심주의에 대한 비판이 아니라 '인간중심주의'에 대한 문제 해결 방안이었다. 여성도 남성도 함께, 인간도 자연도 함께 가야 한다는 주장은 교수가 원한 정답이 아니었다.

군이 우리말로 번역하니 여성학이지 내가 당시에 수강했던 과목명은 '젠더와 사회'Gender and Society였다. '젠더'는 생물학적 '성'이 아니라 사회화 과정에서 구성된 성을 의미한다. 따라서 많은 여성학자들이 이 '규정받은' 성으로서의 여성성에 주목해 왔다. 하지만 내가 보기엔 규정당한 성이 남성과 여성만 있다는 것도 차별이었다.

그 학교에서 여성학 강의를 했던 교수는 성소수자 인권을 연구하는 저명학자였다. 남성과 여성이라는 이분법적 도식을 넘어, 즉 구조화된 성별 외에 존재하는 성소수자를 중심으로 '젠더' 이슈를 연구했다. 기존에 내가 알던 여성학보다 급진적이고 광범위해서 신선했다. 그런데도 나는 사회 내부의 불평등만 거론하는 좁은 시야가 못마땅해 보였고, 그런 까닭에 독창적인 에세이를 썼다가 낙제점을 받았던 것이었다.

수년 뒤 박사 학위 논문을 쓰면서 여전히 삐딱함과 독창성을 포기하지 않고 끙끙거리던 내게 지도 교수는 생태여성주의(에코페미니즘)를 정리해 보라고 권했다. '아니 교수님은 내가 여성학에 낙제한 걸 몰라서 저러신담?' 속으로 투덜대면서도, 워낙 식견이 남다른 분이니 저렇게 권하시는 뜻이 있으리라는 믿음을 가지고 생태여성학을 진지하게 살펴보기 시작했다. 아닌 게 아니라 흥미로운 부분이 많았다. 남성에 대해 여성이 타고난 생물학적 차이를 긍정적으로 평가하는 태도가 고무적이었는데, 그것은 도리어 역차별적 사고로 비칠 만큼 사고의 신선한 전환이라 할 만했다.

생태여성주의는 자연과 여성의 본질적인 연관성에 주목한다. 여성의 생물학적 본성에서 기인하는 돌봄과 양육은 자연과 그 본질이 같다. 더 존중받고 더 우월하게 대해야 하는 여성성이 정복하고 지배하는 남성적 본성에 의해 평가절하되고 열등한 것으로 인식되어 있다. 마찬가지로 자연도 그렇게 인식되고 있다. 이 같은 지적은 근본생태주의자들의 주장과 매우 흡사하지만, 현재의 환경 위기를 서구의 인간중심주의가 아니라 남성중심주의에서 근거를 찾는다는 점에서 차이를 보인다.

생태여성주의는 여성적 덕목이 더 우월하게 대접받는 사회가 지속가능한 사회라고 보기 때문에 여성과 자연의 영적이고 조화로운 세계관을 되찾는 것이 시급하다고 주장한다. 사회생태주의자들처럼 차이를 위계적 차별로 만드는 지배 구조 자체에 문제를 제기하는 여성학자들의 경우, 여성의 재생산 활동을 사회화 과정을 통해 남녀 모두의 보살핌 활동으로 만들자고 주장한다. 이렇게 할 때 차이가 차별로 구조화되는 것을 차단할 수 있어 진정한 생태적 사회가 될 수 있다는 생각이다.

생태여성주의는 제3세계 여성들의 처지도 설명하려고 노력한다. 제3세계 여성들은 아이를 낳아 세대 간 재생산을 담당할 뿐만 아니라, 무급의 가사노동 및 농사를 떠맡고 남성의 유급 노동시장 활동을 지원하며 세대 내 재생산까지 담당한다. 제3세계 사람들의 생활 거처는 자연에 가까이 자리 잡고 있어, 여성들의 가사노동과 농업 활동은 대부분 자연과의 직접적인 교감 아래 이뤄진다. 그래서 제3세계 여성들의 사회적 발언이나 행동은 대개 생태적 이슈를 수반

"나무를 베려면 먼저 나를 베어라!"

하게 됨에 따라 생태여성주의자들의 관심을 집중시킨다.

'나무 껴안기 운동'으로 잘 알려진 인도 히말라야의 '칩코 운동'은 제3세계 여성들의 입장을 잘 보여 주는 사례이다. 1970년대 초반부터 히말라야의 만달 사람들은 정부의 대규모 벌목에 맞서는 시위를 벌였다. 초기에는 정부의 불평등한 벌목 허가 처사에 항의하느라 시작되었다. 하지만 가축을 돌보고 농사를 지어 가사를 돌보고 있는 여성들은 대량 벌목에 따른 홍수와 산사태가 그들의 일상을 위협하고 있음을 알아차렸다. 정부 사업을 막을 뾰족한 수가 없던 그들은 나무를 껴안아서 지키기 시작했다. 나무를 베려면 나를 베라며 나무를 껴안고 있는 여성들의 태도에 정부는 산사태의 원인을 조사해 보고는 벌목 때문에 산사태가 날 가능성이 있다는 결론을 내렸다. 자연 파괴가 일상과 직결된 제3세계 여성들은 칩코 운동의 성공으로 다양한 활동의 실질적 주체가 되는 계기를 마련했다.

제3세계 대표적 환경운동가이자 생태여성주의자인 반다나 시바(1952~)는 서구의 생태주의 사상이나 실천이 제3세계와 빈곤층 여성들을 대변하지 못한다고 본다. 그는 『에코페미니즘』이라는 자신의 책에서 서구 문명의 개발지상주의가 자연뿐만 아니라 인간, 특히 여성의 삶을 피폐하게 했다고 주장한다. 이를 적나라하게 보여 주는 사례로, 우라늄 채굴에 동원되어 방사능에 노출된 미국 원주민 여성들을 들었다.

시바는 자본주의와 가부장적 문화, 개발중심주의, 이 모든 것으로부터 제3세계 여성과 선진국의 빈곤층 여성을 보호하기 위해서는 전혀 다른 사고 체계가 필요하다고 했다. 인간을 포함한 자연 속의 모든 생명체는 서로 협동하고 돌봄으로써 유지되며, 지역에 기반을 둔, 생명을 긍정하는, 다양한 문화를 존중하는 공동체 의식에서 가능하다는 것이 그의 주장이다. 여성과 자연에 대한 지배와 착취는 근대문명의 태생적인 한계로서 매우 구조화되어 있기 때문에 의식적으로 깨닫고 지양하지 않으면 극복하기 어렵다. 그러한 점을 생태여성주의는 적극적으로 공략하면서 생태적 공생과 돌봄의 가치를 역설한다.

흥미롭게도 우리의 생태 사상인 생명 사상에도 유사한 주장이 있다. 생명 사상을 소비자생협 활동 방식으로 실천하고 있는 한살림에는 수많은 주부 활동가들이 있다. 집에서는 노동력 재생산을 위해 무급 가사노동을 하고, 한살림 활동을 위해서는 자원봉사를 한다.

한살림은 주부를 운동의 주체로 삼는다. 흥미로운 점은 이들의 가사노동과 자원봉사는 모두 무급임에도 '고가치' 노동으로 재평가하고 있다는 사실이다. 생명 사상에서 자주 언급되는 '어머니', 즉 '모성'에 대한 재평가 덕분이다. 서구에서 지구를 어머니Mother Earth로 표현하듯이 생명 사상은 모성을, 주부의 역할에 중요한 가치를 둔다. 그동안 많은 페미니스트들이 가부장적 이데올로기라고 평가

해 온 '모성'의 가치를 재발견하고 '돌봄 가치'라는 완전히 새로운 의미를 부여했기에 가능했다.

이와 관련해 사회학자이자 문화인류학자인 조한혜정은 「성찰적 근대성과 페미니즘」이라는 글에서, 새로운 정치적 공간에서는 같은 내용이 전혀 다른 것을 의미할 수 있다고 주장했다. 즉, 말의 내용보다 말하는 사람이 누구인지, 또 듣는 사람이 누구인지가 중요해지는 까닭은, 바로 말하는 사람이 선 '자리'가 갖는 정치성 때문이다. 그로 인해 그 '주변'의 자리가 최소한의 힘을 가지게 되었기 때문이다. 억압당한 이들이 자신들의 삶터에서 새로운 정치적 공간을 만들어 간다는 것은 새로운 관계와 의미가 생산되는 장이 열리는 것을 말한다. '모성'의 새로운 가치를 설명하는 매우 설득력 있는 주장이다.

헌데 내 실제 삶은 지구를 어머니로 표현하는 것이 남자를 하늘이라고 주입하는 것과 별반 다를 게 없는 상황이다. 심지어 지구와 동일시되는 그 '모성'을 지닌 어머니는 무조건적 희생의 아이콘, '아들'들의 어머니일 뿐. 모성을 강조하는 생명사상가들이 모두 남성이라는 점을 주목하지 않을 수 없다. 요 따위 문제제기나 한다면 나는 여성학을 새로 공부한다 해도 또다시 낙제점을 받을 것이고, 생명사상가들로부터도 비난을 받을 것이다.

여하튼, 아무리 훌륭한 사회학 이론이 활개를 쳐도 쉽사리 고쳐질 것 같지 않은 실상들이 엄연히 존재한다. 제3세계도 아니고

OECD 가입국인 대한민국의 한 '여자' 시간강사는, 생리통에 허리가 끊어질 것 같아도 사력을 다해 세 시간짜리 강의를 마쳐야 한다. 그러고 나서 이메일을 점검해 보니 생리결석계를 낸 '여'학생이 있어 그에게 확인 답신을 보낸다. '딸내미' 저녁밥을 '친정''엄마'에게 부탁하고는 '주부' 활동가 공부모임을 준비한다. 다음 강연에는 '여'학자를 초대해야겠는데 쓸 만한 사람이 없다는 말을 존경하는 그분으로부터 듣는다. 그리고 마흔을 넘긴 오늘도 고추 달린 손주를 안겨 달라는 시아버지의 성화를 듣는다. 사상과 실상의 간극을 좁혀 가는 것은 지난한 일이다.

3장

사람(人)
"어리석은 자들의
세기"

1장에서 우리는 다양한 환경문제의 내용을 전체적으로 살폈고, 문제 해결을 위한 방안이 없을까 하는 고민을 시작했다. 그 고민을 풀기 위해 동서양의 다양한 사상과 철학을 2장에서 살펴보았다. 살펴본 생태 사상들은 산업화와 인간중심주의를 문제점으로 보고 체제 전환을 위해 근본적인 질문을 던지고 있다.

　안타깝게도 "이게 답이다!" 하고 명쾌한 해결책을 제시하기보다는 오히려 실상을 고스란히 담아내지 못하는 듯해서 답답함을 느끼기도 했다. 하지만 이러한 담론들은 더 크고 더 깊은 고민을 형성하고 문제를 여러 방식으로 바라볼 수 있게 한다.

　자, 이제부터는 살짝 체제 옹호적인 주장, 즉 지속가능 발전이나 생태적 근대화론처럼 환경과 성장의 조화를 추구하는 관점을 살펴보자. 이들은 현실 타협적이기 때문에 실현 가능성이 높고, 덕분에 이해하기도 쉽다. 성장은 하되 무차별한 환경 파괴를 자제하고, 발전은 하되 다음 세대를 배려하자는, '지속가능한 발전'을 추구하자는 주장을 들어 보자.

그 주장들을 각국에서 구체적인 정책으로 집행하도록 지구적 차원에서 맺은 협정도 살펴보자. 이어서 비단 다음 세대만이 아닌 우리 세대에서 지금 필요한 실천은 무엇인지를 보자. 실제로 내 주위, 우리 사회에서, 지금 여기에서 발생하는 다양한 사회문제와 환경문제 해결을 통해 지속가능한 미래로 향해 갈 수 있을지 보자. 우리 사회를 내 삶과 함께 짚어 보자.

몇몇 학생들의 얼굴에서 '드디어 꼬리를 내리고 타협점을 찾는군요.'라고 말하는 듯한 표정이 보인다. 나는 학생들에게 아직 속단하지는 말라고 말한다. 타협점이 될지, 전혀 다른 방점이 될지는 함께 알아보면서 차차 판단하자.

정부 또는 체제를 비판하는 데만 핏대 올리는 젊디젊은 후배들에게 그래서, 그러면 무엇을 어떻게 할 것이냐고 도리어 되묻는다. 학생들을 탓하려는 물음이 아니다. 비판조차 않고 있는 것보다 무엇이 문제인지를 파악하고 가슴이 뛰기 시작했다는 것은 고마운 일이다. 하지만 답답한 정부, 땜질식 정책을 비판만 하고 있어서는 곤란하다. 답이 없다고 손 놓고 있지 말고, 구조가 문제라고 답답해하지만 말자. 법을 입안하고 집행하는 사람도 결국은 우리다. 문제를 해결하고 변화를 이끌어내야 할 사람도 우리라는 사실을 강조한다.

이러한 문제들을 지적할 수 있는 눈을 키우는 데 환경사회학이 한 몫을 할 것이다. 해결하고 실천하는 것은 의식 있는 시민, 곧 우리들의 몫이다.

환경운동에서 환경 정책으로

1890년대 윌리엄 러브라는 사업가는 발전소 건립을 목적으로 나이아가라에서 온타리오 호를 잇는 운하 공사를 시작했다. 그러나 불황이 이어지면서 공사는 나이아가라 폭포 보존을 명분으로 중단되었다. 이후 운하를 만들기 위해 땅을 파고 나서 생긴 거대한 구덩이는 쓰레기 매립지로 이용되었다. 50여 년이 지난 1940년대에 후커 케미컬 회사가 이 용지를 사들여 벤젠, 다이옥신 등 2만 2천 톤의 유해 화학 폐기물을 묻었다. (2차대전 중 핵무기 개발 비밀 계획인 맨해튼 프로젝트에서 발생한 핵폐기물도 매립되었다는 주장이 있다.) 1953년, 나이아가라 시는 인구가 늘어나 학교와 주택을 세울 땅이 필요했다. 이에 후커 케미컬 회사는 매립지를 단돈 1달러를 받고 시에 기증했다. (회사 쪽에서는 안전 문제로 팔기를 거부했고 이에 따라 시에서 강제로 1달러에 기증하도록 했다는 주장과 회사가 나이아가라 시에 기증해 버렸다는 주장이 있다. 서로 책임을 떠넘기는 전형적인 모습으로 보인다.)

다시 30년이나 지난 1970년 초, 학교와 지역의 하수구가 부식하고 수돗물에서 검은 물질이 흘러나오기 시작했다. 학부모인 로이깁스는 자신의 아이가 앓는 간질환, 신장병, 천식을 이웃 아이들도 앓고 있다는 것을 알고는 학교 폐쇄를 청원하고 조사를 요구하는 환경운동을 벌였다. 오랜 항의 끝에 미국 환경보호청은 역학조사를 시작했다. 그 결과, 이 지역의 유산율이 다른 지역에 비해 4배나 높고, 신생아 16명 중 9명이 선천성 기형아로 나타났다. 1978년에 이곳은 긴급재난지역으로 지정되어 주민들은 대거 이주를 해야 했다. 미국 정부는 '슈퍼 펀드'를 마련해 유사 오염지 800여 곳에 대해 정화작업을 벌였다.

이것이 이른바 '러브 캐널 참사'Love Canal Tragedy이다. 미국 최대 환경오염 사고로 기록된 이 사건을 계기로 불법 폐기물 매립이 심각한 사회문제로 떠올랐다. 또한 로비 활동이 중심이던 미국 내 환경운동 방식이 주민들의 풀뿌리 환경운동으로 전환되는 계기도 되었다. 로이깁스가 학부모로서 주도한 사회운동이라는 점에서는 생태여성운동의 모범적인 사례로도 꼽힌다. 세계 최대 경제 부국에서 최대 환경오염 때문에 최초의 풀뿌리 환경운동이 등장한 것은 이상할 것도 없다.

하지만 2011년에 불거진 칠곡 주한 미군기지 고엽제 매몰 의혹 사건이 미국의 러브 캐널 사건과 닮았다는 분석을 내놓은 몇몇 환경단체의 목소리를 귓등으로 흘리는 우리는 좀 이상하다. 미국은

러브 캐널 지역. 1980년 5월 러브 캐널 거주민의 혈중 염색체 손상, 발암, 생식 이상과 유전적 위험성이 보고됐고 지미 카터 대통령은 비상사태를 선포하고 1500여 가족을 이주시키며 보상해 주기로 했다. 러브 캐널 지역은 총 2억 5천만 달러를 들여 세 번이나 복구를 시도했지만 아무도 살지 못하는 죽음의 도시가 되었다.

러브 캐널이라는 대형 환경 사고가 있었다 해서 각종 유해 산업폐기물을 줄인 건 아니다. 다만 자기 나라가 아닌 외국에다 그 폐기물을 버리기 시작했다.

제3세계는 선진국의 폐기물 처리장이 되어서는 안 되겠다고 긴장하며, 다른 국제협약들과 달리 그들이 주도해 '유해폐기물 불법 이동 금지를 위한 바젤 협약'을 만들었고, 1992년 드디어 이 국제협약이 발효되었다. 국제협약이 발효되기까지 강대국이 남의 나라에 버린 유해 물질은 그 나라의 토양을 오염시키고 그 나라 주민들을 온갖 병에 시달리게 했다. 그래서 우리 땅에서 밝혀진 2011년 칠곡 사건은 수출된 러브 캐널이 맞다.

자, 러브 캐널과 바젤 협약과 칠곡이 상징하는 내용을 찬찬히 살펴보자. 먼저 러브 캐널 사건을 통해 시작되었다는 풀뿌리 환경운동을 알아보자.

사회운동은 잘못된 지배적 규범에 대한 도전이다. 장기간에 걸쳐 점진적으로 전개되는 집단행동이다. 특히 환경운동이나 여성운동 같은 신사회운동은 자율과 연대 같은 참여민주주의의 가치를 옹호한다. 단순한 저항운동이나 이익집단의 사리사욕 추구가 아니기 때문에 사회정의라는 역사성을 담고 있다.

밀양 송전탑 문제를 보자. 밀양 송전탑 문제에 대해 '팀플'을 하겠다던 학생들이 밀양에 다녀왔다. 떠나기 전 학생들은 밀양 사람들이 님비현상을 보인다고 생각했다. 갈등 현장을 제 눈으로 보고 돌아온 학생들은 환경정의는 바라지도 않으니 상식만이라도 지켜 주는 사회가 되면 좋겠다고 목소리를 높였다.

러브 캐널 사건을 겪은 학부모들도 정부에게 상식을 지키라고 주장했을 것이고 슈퍼 펀드를 만들어냈다. 어느 사회건 사회문제나 환경문제에 대해 올바른 판단을 내리기 위해서는 정치적 인식은 물론 직접 경험이 절대로 필요한가 보다.

각성된 시민들이 환경운동을 활발히 펼치자, 환경문제를 일으키는 오염원은 반성하고 상식을 지키기는커녕 아직 환경문제를 경험하지 않은 다른 지역으로 옮겨 간다. 몰상식에는 국경이 없어서 자국 내에서 해결하지 못한 문제를 다른 나라에 떠넘긴다. 이런 이유 때문에 환경운동 단체 중에는 '그린피스'나 '지구의 벗' 같은 초국적 규모의 단체가 많다는 특징이 있다. 오염 원인도 국경을 넘나들고 오염물질도 국경을 넘나든다. 그래서 일국 차원을 넘어 전 지구적 환경문제 해결을 위해 국가 간 협의가 시작된다. 특히 환경 관련 국제회의에는 국가를 대표하는 장차관뿐만 아니라 비정부기구NGO (Non-Governmental Organization) 활동가들이 적극적으로 참여한다.

국제협약에도 '정치'는 엄연히 존재한다. 기본적으로 선진국이 주도한다. 환경문제를 명분으로 기존 체제의 질서를 유지하고 강화하는 면도 있고, 다양한 대안운동 사례들을 정책화하려는 노력도 동시에 이루어지고 있다. 현재 실행되고 있는 국제협약에 대한 평가는

다소 엇갈리는 편이다.

첫째, '상호 합의'해 '상호 강제'하는 '사회적' 통제로서의 협약과 정책은 지난한 환경운동과 환경정의 실현을 주장한 시민사회의 성장으로 이루어졌다고 보는 측이 있다.

둘째, 국제협약이 환경 불평등을 해소하기는커녕 환경정의에 대한 관심을 차단하고 왜곡하는 수단일 뿐이라는 주장도 있다. 다국적기업이나 선진국에서 막대한 자금을 퍼부어 협약과 정책을 그들 입맛대로 좌우하는 점을 날카롭게 지적하는 견해다.

셋째, 환경 정책은 환경문제를 정치적으로 접근할 수 있게 한 해결책이다. 따라서 환경문제를 국가가 다루는 한, 문제를 일으킨 체제에 대한 근본적인 변화는 있을 수 없다고 보는 측도 있다. 오히려 무차별적 경쟁으로 생산 조건을 파괴하면서 자기 파멸로 나가는 현체제를 국가가 환경 정책을 통해 땜질을 한다고 본다.

한 나라 안에서도 의견 조율이 쉽지 않듯 이해관계가 다른 여러 나라가 모여 환경문제 해결을 위한 대책을 세우는 일이란 쉽지 않다. 그럼에도 지금까지 환경문제 해결을 위해 다양한 협약과 의정서가 발효되었다.

1975년, 멸종 위기에 빠진 야생 동식물의 국제 거래에 관한 협약과 해양오염 방지를 위한 런던 협약이 발효되었다. 런던 협약은 1996년에 강제성을 부여한 런던 의정서로 개정되었다. 최근 들어 음식물 쓰레기 대란이라는 뉴스와 함께 런던 의정서라는 용어를 자주 들어서인지 학생들이 덜 낯설어한다.

런던 의정서에 가입한 국가 가운데 우리나라가 해양 투기 1위 국이라는 불명예를 떠안았다는 사실은 이미 언급했다. '녹색 성장'을 국가 발전의 모토로 삼기 시작한 우리나라가 2015년까지, 지난 28년 동안 바다에 버린 폐기물, 즉 산업 폐수, 음식물 쓰레기, 하수 오니, 축산 분뇨 따위가 무려 1억 3047만 7천 톤이나 된다. 서울시 14개를 채울 만한 양이다 보니 바깥 여론이 더 시끄러웠다.

다른 건 몰라도 음식물 쓰레기가 바다에 버려져 해양오염의 주범이 되고 있다니, 강의실 안 학생들은 금시초문이라는 듯 놀라는 표정들이다. 세상이 다 아는 사실을 우리끼리 쉬쉬한 덕분이다. 런던 의정서 덕분에 해외 여론에 뭇매를 맞고서야, 우리나라도 2016년부터 폐기물 해양 투기를 전면 금지했다.

최근 국제회의에서 가장 큰 이슈는 기후변화이다. 지구온난화의 주범인 이산화탄소, 메테인 같은 온실가스 배출 감소를 위한 '기후변화협약'과 이를 구체적으로 이행하기 위해 선진국의 온실가스 배출량을 제한하자는 '교토 의정서'가 있다.

미국은 교토 의정서의 최종 비준을 거부했지만, 세계 이산화탄소 배출량의 절반 이상을 차지하는 55여 개국의 비준을 거쳐 2005년에 마침내 발효되었다. 하지만 실행 과정에서 의무 이행이 지지부진한 선진국에게 책임을 떠넘기는 개발도상국과 오히려 개발도상국의 온실가스 배출이 급증했다며 개발도상국을 탓하는 선진국 사이에서 갈등이 첨예했다. (실은 선진국과 개발도상국을 어떻게 분류할 것인가도 문제다.)

유럽은 온실가스 감축이라는 세계적 합의 준수와 친환경 산업을 통한 성장이라는 두 마리 토끼를 모두 잡겠다는 포부를 보였다. 상대방이 온실가스를 줄이지 않을 경우 양보는 없다는 선진국 대표 미국과 개발도상국 대표 중국이 있다. 일본은 한국에게 선진국 대우 또는 이에 준하는 의무를 부여해야 한다는 의견을 적극 펼치고 있다. 개발도상국으로 분류되면 의무 대상국에서 제외되는 탓이다. 우리나라는 2012년 카타르 도하에서 열린 기후변화협약 총회에서 여전히 개발도상국의 지위를 인정받았지만, 자발적으로 선진국 수준의 온실가스 감축 의무를 다하기로 약속했다.

각국의 주장은 차이가 있을 수 있겠지만, 앞서 언급했듯이 환경 오염과 자연 파괴로 인한 피해는 국지적 규모가 아니라 전 지구적 단위로 일어난다. 해서, 전 지구적 차원에서 대처해 보자고 1972년 유엔이 주도해 스웨덴 스톡홀름에서 '하나뿐인 지구'Only One Earth 를 주제로 '인간환경회의'가 열렸다. 이 회의의 결과로 케냐 나이로비에 창설된 것이 '유엔환경계획'UNEP이다. 유엔 기구 중 최초로 제3세계에 자리를 잡았다는 데 의미가 크다. 또, 1983년에 설립된 '환경과 발전에 관한 세계위원회'는 1987년 「우리 공동의 미래」Our Common Future라는 보고서에서 '지속가능한 발전'이라는 개념을 내놓았다. 이는 '성장의 한계'를 인식하고 범지구적 위기로 환경문제에 대해 고민하고, '지속가능성'의 개념을 언급한 체계적인 보고서이다.

이 보고서는 '발전'이란 인간의 욕구 충족을 위한 것이며, 세대와 국가를 초월해 자연 자원에 의존하고 있으므로, '지속가능한 발전'이란 '미래 세대가 그들의 필요를 충족시킬 능력을 저해하지 않으면서 현 세대의 필요를 충족시키는 것'이라고 규정했다. 경제발전과 동시에 환경 보전 문제가 조화를 이루는 데 초점을 둔 것이다.

1992년에는 스톡홀름 회의 20주년을 기념하고 새 천년을 대비하기 위해 브라질 리우에서 유엔 환경개발회의를 개최했다. 이 회의에서는 '환경과 발전에 관한 세계위원회'가 제시한 지속가능한 발전의 개념을 강화하고자 '환경적으로 건전하고 지속가능한 발전'을 선포했다.

지속가능한 발전의 의미에 대해 자연의 지속가능성인가, 아니면 경제발전의 지속가능성인가라는 분분한 견해와 논쟁은 여전히 진행형이다. 그럼에도 이 용어가 갖는 공통된 특성이 있다. 그것은 근본적으로 산업혁명 이후 지속적으로 추진된 개발 위주의 성장과 경제발전이 물질적·문화적 풍요를 가져왔으나, 환경 파괴와 같은 문제도 일으킨다고 지적한다. 때문에 앞으로는 경제발전과 자연 보전의 관계를 재정립해 환경문제를 해결하는 동시에 경제발전 또한 지속하자는 것이다.

이런 협약은 누가 발의하고 누가 내용을 만들어 갈까? 10여 년 전 나이로비에서 처음 국제환경회의를 도왔을 때 배운 것이 많다.

환경부 장관회의에서 한국이 의장국으로 선출되었는데, 환경부 장관이 참석하지 않아 주케냐 한국 대사가 대신 의장을 맡았다. 주케냐 대사가 국제적인 환경회의의 의장을 맡을 만큼 환경문제에 대한 지식이 있을까 싶었다. 알고 보니, 주케냐 대사가 유엔환경계획의 한국위원회 대표였다. 그렇다면 둘 중 하나일 것 같았다. 당시 주케냐 대사가 환경문제에 뛰어난 식견을 가진 분이었거나, 아무나 유엔환경계획의 대표를 맡거나. 분명히 전자여야 했다.

회의가 시작되었다. 회의 중에 제발 제대로 된 토론 좀 하자며 콜롬비아 대표가 폭발했다. 회의와 전혀 무관한 이야기만 하는 대표들 때문이었다. 물론 제대로 된 의견을 내놓는 대표들도 있다. 소비를 조장하는 미디어를 활용해 해결책을 마련하자는 폴란드, 문화다양성을 존중하자는 프랑스, 채소에서 추출한 성분으로 썩는 비닐봉지 만들어 사용 중이라는 말리, 지구를 위한다는 이유로 무조건 비싼 물건을 사라고 할 수 없다는 아르헨티나, 왜 어떤 나라는 쓰레기장이 되어야 하는가를 웅변하는 르완다, 재정 지원을 요청하는 키르기스스탄 등등. '이렇게 중구난방이어서야 원.'

사적인 자리에서 만난 캐나다 대표의 말에 따르면, 각국 환경부 대표가 아니라 대사관에서 나온 대표들이 많기 때문에 환경문제 자체보다 각국의 입장만 대변하는 경우가 많다고 한다. 한국에서 회의 참석 차 방문한 외무부(현 외교통상부) 직원은 내게 이런 곳까지 와서 인턴을 하고 있으니 형편이 좋은가 보다고 한다. 인턴에게 재정적 지원을 아낌없이 할 뿐만 아니라 유급 인턴 후 곧장 유엔환경계획으로 취업까지 시켜 주는 정부도 있는데, 사비를 털어 인턴하고 있는 사람에게 할 말은 아니라는 생각이 들었다. 국제회의의 수준과 그 속사정을 확인할 수 있었던 경험이었다.

환경문제는 초국적 문제이기 때문에 '상호 합의'해 '상호 강제'하는 국제협약은 매우 중요하다. 협의 과정이 길 수밖에 없는 것이 현실이기는 하지만 자국의 입장만 주장하는 답답한 행태 때문에 전 세계 시민을 대표하는 초국적 NGO 또는 비영리 전문가 단체들이 큰 목소리를 내고 있다. 곧 살펴볼 어린이 환경단체 대표 세번 스즈키가 좋은 예이다.

앞서 언급했듯 이러한 국제협약에는 정치가 엄존하기 때문에 협의안을 상정할 때는 물론이고 비준을 할 때도 강대국의 입김이 작용한다. 형평성 차원에서 대륙별로 돌아가며 유엔 사무총장을 맡는 식인데, 반기문 당시 외교통상부 장관이 막강 후보로 거론되고 있었다. 헌데 유엔환경계획 직원들끼리는 미국의 우방인 한국인이 사무총장이 되어 초강대국에 더 큰 힘을 실어 주는 것이 아니냐는 염려도 했다.

그로부터 10여 년이 흐른 2015년 초, 아시아개발은행ADB에서 주관한 아시아 각국 환경부, 외무부, 재무부 장차관, 그리고 시장들을 위한 리더십 프로그램Asian Leadership Programme 진행을 도왔다. 물론 나이로비 회의에 비해서 규모가 작았던 탓도 있었겠지만 대표들

아시아개발은행에서 주관한 아시안 리더십 프로그램에 참가한 아시아 각국 환경부, 외무부, 재무부 장차관, 그리고 시장들.

의 발표나 질의응답이 매우 적극적일 뿐만 아니라 내용 또한 혁신적이었다. 특히 환경문제 해결을 위해서 하향식 정책 지시보다 상향식 거버넌스(협치)와 시민 참여를 강조하는 모습은 시민단체 대표들의 주장과 다를 바가 없었다. 놀랐다. 성장할 만큼 성장해서 이제는 삶의 질을 찾겠다는, 소위 잘나가는 선진국이 아니라 한창 발전과 성장을 향하고 있는 개발도상국에서 온 관료가 맞나 싶었다. 자기 나라와 관련된 내용에만 목소리를 내어 주제와 무관한 회의가 되게 만들던 사람들이 아니었다. 그들은 분명 시민을 대표하는 실천가였다.

전 지구적 차원의 환경문제를 행동으로, 실천으로 풀자는 데 이의가 없었다. 그들이 바뀌고 있는 것도 사실이고, 그런 실천가들에게 일감을 주고 있는 시민들, 우리도 바뀌고 있다는 반증이다. 세상은 분명히 변하고 있다. 조금 느린 듯해 답답할 때도 있지만 최소한 지속가능한 발전을 위한 방향 정도로는 움직이고 있다.

북극곰을 걱정하는 아이들

사회가 정의로워야 하는 이유는 뭘까. 사람들이 함께, 더불어 살기 때문이다. 정의로운 사회란 구성원들 사이에 혜택과 부담이 공정하게 나누어지는 곳이다. 경제 행위자의 합리적 행위가 보이지 않는 손에 의해 언제나 균형과 안정을 이룬다는 자유시장경제 원칙이 공공재(공중이 공동으로 사용하는 물건이나 시설)에는 적용되지 않는다. 그 대표적 공공재가 바로 위기에 처한 환경이다. 공공재는 누구나 무한정 사용할 수 있다는 특성 때문에, 자원 고갈과 오염 등 환경 파괴를 야기하고 이때 발생하는 비용은 다시 불특정 다수가 부담하는 사회적 비용이 된다. 공유지의 비극이다.

환경정의의 관점에서 볼 때 이 사회적 비용 부담이 매우 불공정하게 분배되고 있다. 앞서 살펴보았듯이 공해 유발 산업과 유독성 산업폐기물은 개발도상국으로 이전되고 있다. 이는 선진국들에 의한 환경 식민주의라고 할 만큼 심각한 환경 불평등의 사례다. 물론 한 국가 내, 세대 내에서 벌어지는 불평등 사례도 많은데 그 다양한 예는 앞으로 자세히 살펴볼 것이다.

일반적으로는 인간 사회 안에서 발생하는 불평등에 대한 문제의식에서 발현된 것이 정의인데, 환경정의의 적용 범위는 인간과 자연 간의 불공정 분배인 '종간 불평등'에까지 확장된다. 종간 불평등의 상징적인 피해자로 북극곰을 들 수 있다. 그리고 '세대 간 환경정의'에서 불이익을 감수하는 미래 세대인 아이들, 그 아이들이 북극곰을 걱정하고 있다. 피해자가 피해자의 생존을 고민하는 형국이다! 이런 구조를 만든 가해자는 우리들이다. 이 아이들에게 행동이 아닌 말로써, 교육이라는 명목으로 가르침을 주입하던 사람들은 이게 아니다 싶은지 영국의 교육제도나 핀드혼 교육에 대해 특강을 해

2007년 서울 종로구 대학로에서 열린 '지구의 날' 기념행사에서 찍은 사진. 꼬마 아이와 북극곰은 자신들이 저지르지도 않은 행위의 결과로, 따로 또 같이 생태적 지위가 위태롭게 되었다.

달라, 원고를 써 달라 요청해 온다.

핀드혼은 마을 그 자체가 학교다. 어른들은 춤추고 노래하고 놀이를 즐긴다. 이들이 개발한 놀이의 종류는 무궁무진하다. 명상에 이용하는 천사 카드, 다시 태어나기 게임, 손으로 대화하기 등등 몸에서, 이웃에서 소외된 우리에게 '함께'의 중요성을 깨우쳐 주는 놀이들이다. 핀드혼 사람들은 회의 전후에는 반드시 조율을 하고, 다양한 놀이를 해 웃음과 창의성을 되찾아 준다. 예를 들면, 우리의 '얼음땡' 놀이와 비슷한 것을 변형해 술래가 쫓아오면 두 사람이 꼭 안아서 얼음 상태가 되고 10초간 유지한 후 포옹을 푼다. 어린이와 어른의 놀이에 차이가 없으며, 그래서 더욱 창의적인 사고가 살아

숨 쉰다. 아이들이 스스로 마을신문을 만들고, '핀드혼 청소년 프로젝트'를 운영해 모은 기금으로 또래 친구들을 위한 생태 건물도 짓는다.

영국은 엘리트 교육의 본고장이다. 이튼 스쿨 같은 사립 기숙학교와 옥스퍼드 대학와 케임브리지 대학, 즉 옥스브리지로 일컫는 엘리트 배출의 요람으로 유명하다. 사회 구성원 중 목수와 요리사가 존재하듯 엘리트가 필요하다고 생각한다. 여기서 눈여겨봐야 할 인식의 차이는 그들이 엘리트 교육을 중시하는 만큼 목수나 요리사 같은 기능인도 중시한다는 점이다. 핀드혼 아이들도 마을에서는 협동심을 체화하고, 근처 대안 학교인 슈타이너 학교나 지역의 일반 학교에 다닌다.

슈타이너 학교는 초기에 핀드혼 안에서 시작했으나 근처 마을로 옮겨 갔고 그곳 마을의 주민들과 함께 꾸려지고 있다. 무언가 특별나고 전혀 새로운 교육이라기보다는 다양한 삶의 방식을 익히고 사회화되고 주류 교육과도 단절되지 않는 형식을 취한다.

분명한 점은 핀드혼 사람들은 자연과 함께하려 하고, 내면의 소리에 귀를 기울이며, 지금 여기에 존재하는 나에게 충실하고, 그만큼 타인을 무한히 신뢰한다. 너무도 당연한 말을 입으로만 내뱉지 않고 행동으로 옮기고 있는 이들에게 교육이란 부모가 자녀에게, 또는 선생이 학생에게 하는 것이 아니라 자연과 인간이, 인간과 인간이 서로 하는 것이다.

'세계 생태마을 회의'Global Ecovillage Network가 열리는 모습. 이 회의에 참석한 핀드혼 사람들
이 신체 접촉을 통해 친밀감을 유도하는 놀이를 무시로 제안한 덕분에 참석자들은 회의
기간 내내 축제를 즐기는 듯했다. 사진의 놀이는 우리식 강강술래인데, 노래를 부르면서 손
을 잡고 둥글게 돌기도 하고, 작은 원을 만들기도 하면서 몸과 몸이, 마음과 마음이 닿도록
한다.

자연과 환경의 한계뿐만 아니라 인간과 자연, 인간과 인간이 서로 연결되어 있다는 점을 인식하고, 생태적 한계 내에서 공생을 중시하며, 지역과 마을에서 지속가능한 삶을 추구하는, 마을이 학교라는 구호를 실천하는 사례는 우리에게도 있다. 이미 많이 알려져 있는 변산학교, 작은학교, 성미산마을학교가 그것이다.

2001년 문을 연 실상사 인드라망의 작은학교는 머리가 아닌 몸을 쓰는 일을 배우는 것을 중요하게 생각한다. 작은학교 학생들은 밥을 해 먹고, 작물을 직접 키우고, 필요한 물건을 만들 수 있는 기술을 배운다. 물론 학생들은 철학적 토의, 정치적 토론 등을 통해 세계관을 넓히는 공부도 한다. 현재 한국의 제도권 교육 안에서는 받을 수 없는 교육이다. 아이들은 선생님과 함께 생활하면서 인간성, 정직성, 성실성도 배운다.

공동체 아이들은 남의 행복을 고려한다. 즉, 저마다 자신의 개성이 중요하다는 인식과 동시에 남에 대한 윤리적 책임감의 중요성을 배운다. 더욱 중요한 것은 이러한 배움을 교과서나 책에서만이 아니라 공동체에서 살아가는 다른 모든 사람들과 주위를 둘러싼 자연에서 배운다는 것이다. 그들은 전체 공동체가 아이들의 친구이고 부모가 되어야 한다고 생각한다.

이곳은 불교계 중등 대안 학교임에도 불구하고 신자 구분이 도대체 쉽지 않은 곳이다. 수녀님도 와 계시는 곳이니. 아이들에게 '상像'은 중요한 것이 아니다. '생명살림', '지역 속의 작은학교', '생태적 삶'

같은 의식과 사고와 문화가 중요하다. 실제로 아이들에게는 서로 다른 문화에 대한 호기심, 반감, 동질감 등이 강하게 작용하는데, 이곳 인드라망의 다양성 존중 문화가 아이들의 가치관 형성에 큰 영향을 미친다.

"도시에 살 때는 사교육에 의지하고, 엄마의 극성으로 아이들이 큰다고 생각했는데, 산내면(인드라망이 있는 곳)에 귀농해서 살다 보니, 아이들을 키우는 것은 하늘과 땅과 바람이더군요. 이제 아예 내놓고 키웁니다. 엄마가 키우나요? 자연이 가르치고 키우는 것이지요. 아이가 얼마나 행복해하는데요. 물론, 저희 부부도 대단히 만족하고 살아요. 행복하지요."

살아가는 이유가, 삶의 목표가, 행복하게 살아 보겠다는 것 아닌가. 대단히 만족하며 행복하다는 대답이 한없이 부럽지 않은가.

바로 옆 산내들 어린이집도 생명을 존중하고 더불어 사는 힘을 키운다. 어른들이 짜 놓은 교육을 받는 것이 아니라, 아이들이 쏟아내는 천만 가지 표현을 있는 그대로 존중한다. 아이들은 각자의 목소리를 자연스럽게 내는 동시에 함께하는 방법을 배운다.

그러한 표현은 선생님에게서나 책에서 배워서 하는 것이 아니라 어른들의 행동에서 보이는 것, 그것을 모방하면서 나온다. 주위 모든 사람들이 아이들에게 최선을 다하는 모습을 보이고, 그것이 그대로 아이들의 모습이 되는 것이다. 주변 모든 사람들과 아이들이 서로가 서로에게서 배워 서로의 고마움을 알고 자란다.

인드라망 사람들은 탈산업적 삶의 방식을 실천하고 있는, 예를 들어 헬렌과 스콧 니어링의 책들을 탐독한다. 에코토피아 사상가 윌리엄 모리스도 그의 이상사회에 등장하는 인물들은 『레 미제라블』류의 책을 읽으며 새로운 세상을 꿈꾸었다고 한다. 그때나 지금이나 새로운 사회를 그리고 있는 이들은 학자들의 문체만 복잡한 이론서보다 가슴에 와 닿는 글을 읽는다. 육체노동을 하면서 쉼 없이 책을 읽고 세미나를 하는 것도 닮아 있다.

지식인들에게 관대하지 않은 것은 그들의 지식을 불신해서라기보다는, 아니 더 솔직히 말하면 별로 존경이 안 가는 것도 사실이지만, 암기식 주입식 교육보다 경험을 중요시하기 때문이다. 교육은 특정 교육기관에서가 아니라 여러 가지 다양한 체험과 영향으로 이루어지고, 그것으로 가치관 정립에 큰 도움을 받을 수 있다고 본다.

부모가 인드라망 안에 살고 자녀도 작은학교에 다니는 경우는 아이의 삶과 학교에서 배운 것이 일관성을 가진다. 하지만 인드라망에 온 부모 중 자녀들은 여전히 도시에서 교육을 받게 하는 경우도 있다. 이런 부모들은 자신의 삶은 용기 내어 바꾸었으나 자녀에게까지 대안을 적용할 확신이 적었을 것이다. 그들을 탓할 수는 없다. 안타까운 것은 다른 나라, 특히 유럽 여러 나라의 공교육에 비해 한국의 교육은 너무도 자본에 무비판적이고, 경쟁 중심적이며, 학생들의 서로 다른 능력을 배려하지 않는 주입식이기 때문에 대안적 삶을 선택한 부모들은 그 간극을 좁히고자 많은 고민을 하게 된다는 점이다. 사실 부모로서 현재의 주류 교육을 완전히 거부한다는 것은 불가능한 것인지도 모른다. 대안 학교를 졸업하고도 대부분 학생들은 검정고시를 치르고는 일반 상급학교에 진학한다. 물론 학교를 보내지 않고 홈스쿨링을 하는 부모도 있고 다른 대안 학교를 보내는 경우도 있다.

부모는 도시에 있고 아이들만 기숙 대안 학교에 보내든, 함께 마을에 들어와 살면서 '작은학교'에 보내든, 어떠한 경우이든 대안 학교를 졸업한 아이들이 다음 단계에서 비슷한 교육 환경을 선택할 수 있는 폭이 매우 좁다. 대안 학교를 졸업한 학생들이 스스로 대안 대학을 꾸려 보자고 나선 경우도 있다. 내가 낸 세금으로 운영되는 공교육을 뒤로하고 대안을 찾아 나설 수밖에 없는 부모와 학생들의 심정을 헤아려야 한다. 그들이 별난 이유를 들어야 한다.

얼마나 변한 걸까? 33년 전, 내 초등학교 담임선생님은 반장 선거에서 여자는 부반장만 할 수 있다며 나보다 표를 적게 받은 남학생에게 반장을 시켰다. 26년 전, 중학교 학생회장으로 당선된 후 우리 부모님은 학교에 나무 한 그루 심는 것보다 전체 선생님들 식사 대접 한 번이 낫다는 담임선생님의 충고를 들으셨다. 부모님은 내게 쓸데없는 돈 또 버리기 싫으니 다시는 학생회장 같은 것 되어 오지 말라고 손사래를 치셨다. 이른바 '스카이대'에 한 명도 보내지 못했던 전인교육의 전당인 고등학교에서는 그래도 괜찮았다. 푸른평화운동을 주도하셨던 당시 교주, 정홍규 신부님은 이제 산자연학교 교

세번 스즈키가 리우 환경회의에 참석해 연단에서 연설하고 있다. 9살에 결성한 환경단체 ECO의 친구들이 뒤편에 앉아 있다. 이들은 리우 회의에 참석하기 위해 경비를 모금했다.

장이시다.

세월은 흘렀고, 대학 진학을 하지 않은 1990년대의 서태지와, 같은 판단을 한 2010년의 아이유에 대한 편견이 훨씬 줄어든 시대니까, 그때보다는 조금 의식의 변화가 생겼고 교육 환경도 개선된 건 아닐까? 1992년 브라질 리우 회의에서 연설로 각국 대표를 침묵하게 만들었던 12살 소녀가 아이 엄마가 될 만큼 세월이 흘렀으니까.

세번 스즈키는 9살에 어린이 환경단체를 만들어 활동을 시작했고, 12살이 되던 1992년, 모금으로 마련한 기금을 가지고 리우에서 열린 유엔환경회의에 참석했다. 또랑또랑한 목소리로 발표한 5분짜리 연설문은 각국 대표들뿐만 아니라 많은 이들을 침묵시키고도 남을 만했다. 몇 줄을 그대로 옮기면 다음과 같다.

"미래를 잃는다는 것은 선거에서 표를 잃는 것, 증권시장에서 주식 몇 주 잃는 것과 다릅니다. 말이 아니라 어떻게 행동하느냐가 당신을 보여 줍니다. 어른들의 행동이 저희를 슬프게 합니다. 저희가 앞으로 살아가야 할 세상을 어른들이 만듭니다. 늘 사랑한다고 말하는 당신들에게 호소합니다. 제발 그 말을 행동으로 실천해 주세요."

"Losing the future is not like losing in election or a few points in a stock market. You're what you do, not what you say. Well, what you do makes me cry at night. You're deciding what kind of world we are growing up in. You, grown-ups, say you love us, but I challenge you. Please make actions reflect those words."

이 친구의 연설은 지속가능 발전이라는 개념이 미래 세대를 고려해야 한다는 리우 회의의 중요한 근거가 되었다. 이제 스즈키 같은 친구들이 주위에도 많다. "엄마! 아빠는 왜 양치할 때 컵 안 써?", "엘리베이터 타고 닫힘 단추 안 눌러도 되는데. 다섯만 세면 닫히는데." 내 아이도 어릴 때부터 보는 것마다 '지적질'이었다. 콧물 나면 아기 때부터 쓰던 낡은 손수건을 꺼내 풀고, 헝겊조각으로 인형 옷 하나 만들어 주면 좋아했다. 시큼한 동치미 국물을 시원해하며, 아주 가끔 햄버거 한 번만 먹는 게 소원이라는 아이다. 그 소원 들어줘도 결국 반도 못 먹고 나에게 넘겨주지만.

의식 있는 청소년의 다양한 활동이 필요하다. 스펙을 만들기 위한 활동이 아니라, 활동을 하면 그게 스펙이 된다. 대학에서 학점이 C가 나오면 그 학점을 아예 F로 만들어 달라고 요구하는 학생이 있다. C학점은 재수강이 불가능하다. 아예 F학점을 받아서 재수강을 해야 A학점으로 만들 수 있기 때문이다. 모두들 학점이 좋으니 이제 성적으로는 선별하기가 어렵다. 물론 학점이 높아서 나쁠 건 없지만, 오히려 학점이 나빴을 때 그럴 만한 이유를 설명할 수 있다면 바로 그 이유가 더 큰 장점, 더 멋진 스펙이 될 것이다. 또 한 학기 정도는 '열공'했더니 이렇게 장학금도 받았다, 그랬으면 좋겠다. 당당했으면 좋겠다. 그래도 괜찮다.

나는 경제적으로 여유가 있어서 유학을 간 것도 아니었고, 박사되면 학생들 가르쳐 달라고 매달릴 학연도 지연도 없었다. 이른바 '잘나가는' 주제를 공부하지도 않았다. 그저 풀지 못한 숙제를 풀어 보겠다고 계속 갔다. 그래도 괜찮았다. 정말로 하기 싫은 일을 억지로 마지못해 해야 하는 사람들에게 민망해서, 그래서 이 숙제를 꼭 한번 풀어 보자고 살아가고 있다. 그래도 된다고 믿는다.

휴대전화 싫어!

자, 이제부터는 지금 이 순간에도 손만 뻗으면 닿을 곳에 떡하니 자리 잡은 것들을 통해 사회문제를 비롯한 환경문제, 무엇보다 불평등 문제를 좀 더 자세히 짚어 보자. 우리 사회 안에서 벌어지는 환경 불평등의 원인이 어디에서 시작되었는지 찾아보자. 휴대전화를 먼저 살펴보자.

나는 2007년 봄에 한국으로 돌아와서 2010년 봄까지, 꼬박 3년을 휴대전화 없이 살았다(물론 그전에도 없었다). 당장 급한 은행 통장을 만들어야 해서 은행에 갔더니 휴대전화 번호를 꼭 기입해야 통장을 만들 수 있다며, 은행 직원은 미심쩍은 표정으로 나를 보았다. 그 직원의 눈초리를 여전히 잊을 수 없다. 결국 남편 번호를 대신 알려 줘야 했던 그날의 그 경험은 처음 맞닥뜨린 당황스러움이었을 뿐.

이후 휴대전화가 없다는 이유 때문에 가입 자체가 안 되는 경우를 수도 없이 만났다. 일자리를 구할 때는 더 곤란했다. 면접관으로부터 사회성이 떨어지는 사람, 타인에 대한 배려가 없는 사람이라는 소리까지 들었다. 휴대전화 없이 대한민국에서 사회활동을 하려면 연락을 받을 수 있는 사무실이라도 있어야만 했다. 휴대전화 없이도 버티려면 내 방이 있는 직업 정도를 가져야 한다는 점을 몸소 깨우쳤을 때, 자발적 검소가 결국은 절대적 가난을 면한 이들을 위한 운동 방식임도 깨달았다. 먹고살 수 있어야 검소라는 사치가 가능하고, 내가 소속된 곳이 있어야 휴대전화 거부라는 저항도 가능하다는 모순이 서글펐다.

한데, 이제는 바야흐로 진화한 휴대전화, 즉 '스마트폰' 시대가 열렸다. 사람들은 말한다. 개인 이동통신이 없었으면 위급한 상황들을 실시간 보도하기가 어려웠을 것이다. 지하철 폭발 사고 때도, 범죄 현장에서도, 여전히 독재 정부가 여론을 차단하는 곳에서는 개개인이 소지한 휴대전화가 매체 노릇을 하고 있다고. 하지만 어쩐지 그런 위급한 상황이 실시간 중계된 덕분에 사람들이 사건 사고를 미연에 방지하려고 애쓰기보다 오히려 파괴적인 세상에 더 익숙해져 버리는 듯 보인다. 인맥을 넘어선 사회집단을 형성한다는 사회관계망 서비스SNS가 기존의 일방향적 매체를 견제하는 구실을 한다며 긍정적 효과를 부각시키는 이들도 있다. 일리가 있다.

하지만 내가 본 사회관계망 서비스 내용은 서로 다른 생각을 공유하기도 하지만, 자신이 좋아하는 사람의 소식을 선택적으로 받아봄으로써 자신의 논리와 관념을 더욱 강화하는 채널로 이용하는 측면도 있다. '그들만의 리그'를 더욱 강화하는 것이다. 심할 경우 사회관계망 서비스상에서의 신념이 현실에서 일어나지 않을 때는 오히려 현실을 부정해 버리는 인지 부조화까지 일으켜 불통과 소외를 더욱 강화시켜 버리는 듯도 하다.

이동통신이라는 새로운 기술이 매우 유용한 곳도 있다. 케냐 나이로비가 그랬다. 유선전화 사용을 위한 기반시설이 취약해, 몬순 때 비 한 번 내리고 나면 전화가 불통되기 일쑤였다. 이런 곳에서는 오히려 휴대전화 같은 이동통신 수단부터 시작하는 것이 더 나은 방법일 수 있다. 하지만 있던 인프라를 무용지물로 전락시키는 일은 낭비다. 공중전화는 '몰래 화장실'이 되어 버렸고, 이동전화 2G 이용자를 강제로 3G, 4G로 바꾸라고 압박하는 이 문화.

혹자는 스마트폰 같은 첨단 정보통신기기 덕분에 강력한 이동성이 확보되어 재택근무와 '무소부재'의 소통이 가능하게 되었다고 호평한다. 그러나 대가를 치르지 않고 얻는 변화는 없다. 스마트폰이 오히려 거대한 네트워크 체제에 개인들을 철저하게 병합시켜 24시간, 모든 공간을 일터로 만들어 버릴 가능성도 크지 않겠는가. 연구실에서 하루 종일 컴퓨터에 시달리다가 삼십 대에 벌써 오십견이 와서 침 치료에 의존하며 살아가는데, 기차 타고 이동 중인 내게 스마트폰이 없으니 급한 것 검색도 못 시킨다고 상대방은 불평을 쏟아낸다.

돌이켜 보자. 스마트폰이 한국인의 삶 속에 들어온 건 고작 2010년 이후의 일이다. 그토록 급하게 반드시 기차 안에서 처리해야 한다는 그 일은 정말로 그렇게 급한 일이었을까? 대체로 그런 일들치고 실로 시급한 일을 나는 본 적이 없다. 열 번 중 열 번이 구멍 난 곳 땜질이었다. 애초에 구멍이 없게 일하지 않으니 그렇다. 그래서 유독 우리 사회에 스마트폰 열풍이 부는지도 모른다. 늘 빨리빨리 대충대충 하니까. 난 꼼꼼히 일처리한 후 사무실을, 연구실을 나서면 사람 구경도 하고, 세상 구경도 하고, 그러고 싶다.

세상 구경해 보자. 가관이다. 출퇴근길에 스마트폰으로 영어 강의를 듣고, 회의 중에 금융결제를 하고, 맛집을 검색해서 밥 먹으러 다니고, 길 찾으면서도 동네 사람에게 묻기보다 스마트폰의 지도앱에 의존한다. 맛난 음식 정성껏 만들어 한 상 담아 내놓으면 일단 사진부터 찍고 친구나 가족에게 전송한다. 남편은 퇴근해서도 사회관계망에 접속해서 신변잡기를 섭렵하느라 스마트폰을 손에서 놓지 않아 '스마트폰 과부'도 생겨났단다. 휴대전화가 진화해 손 안에서 인터넷, TV 시청, 금융, 오락, 쇼핑 따위를 언제 어디서든 할 수 있게 된 결과이다. 바로 옆에 있는 사람은 철저히 배제하지만 내가 원하는 것들과는 완벽히 소통하게 해 주니, 참 고맙게 어이없다.

2015년 12월 현재 우리나라 스마트폰 가입자 수는 4300만 명을 넘어섰으니, 총인구의 90%가 스마트폰을 사용하고 있다. 그래서 대한민국 국민은 남녀노소를 막론하고 스마트하게 살고 있을까? 휴대전화 덕분에 기억할 수 있는 전화번호가 점점 줄어들더니 이제는 간단한 계산이나 회의 일정도 스마트폰이 없으면 안 되는 '디지털 치매'를 겪는다. 스마트폰이 옆에 없으면 불안하고 초조해지거나 업무에 집중할 수 없고 무작정 스마트폰 소리를 기다리면서 가슴이 두근거리는 금단 현상, 벨이나 진동이 울린 것으로 착각하는 환청 현상, 이런 것을 스마트폰 중독 현상이라고 한다.

심하면 불면증에 시달리고 우울감, 불안감, 적응장애를 유발하기도 한다는데, 스마트폰 사용요금이 높을수록 우울 성향이 높은 것으로 나타난 연구 결과도 있다. 안전행정부의 2011년 인터넷 중독 실태 조사에 따르면 '스마트폰 중독률'이 '인터넷 중독률'을 앞질

렸다. 골초에게 아무리 흡연이 백해무익이라 설명해 봤자 우이독경이듯, "그냥 이렇게 살다 갈랍니다." 하는 대꾸가 여기저기서 들려온다.

그렇다면 아직 두뇌 성장이 진행 중인 아이들의 손에 쥐여 준 스마트폰은 어쩔 것인지? 스마트폰의 전자파는 뇌 성장을 방해한다. 성장기에 있는 어린이와 청소년들의 뇌세포를 손상시키고 악성 뇌종양을 일으킬 위험을 증가시킨다는 연구 결과와, 중년이 되었을 때 알츠하이머를 유발하거나 호르몬 분비 이상을 일으킬 수 있다는 연구가 꾸준히 발표되어 왔다.

이로 인해 2010년 프랑스에서는 스마트폰 사용 규제 법률을 공포했다. 이처럼 스마트폰 전자파의 유해성은 이미 공식적으로 인정되었다. 물론 전자파가 휴대전화에서만 발생하는 것은 아니다. TV, 냉장고, 전자레인지 같은 가전제품과 컴퓨터, MP3 등 일상에서 사용하는 모든 전자제품에서는 전자파가 발생한다. 벌써 2002년에 세계보건기구WHO 산하 국제암연구소IARC는 전자파를 발암 가능 물질로 분류했다.

무엇보다 휴대전화 전자파에 대한 염려가 증폭되는 이유는 통화할 때 직접 귀에 대고 사용하기 때문에 다른 전자기기에 비해 훨씬 위험하다는 점이다. 2001년 10월, 영국의 환경 전문 잡지『에콜로지스트』The Ecologist 표지는 휴대전화를 귀에 대고 경악하는 사진으로 장식되어 있다. 각종 임상실험과 동물실험을 통해 밝혀진 수많은 불편한 진실을 정리하고, 당장 발등에 불을 끄기 위한 대책으로서 적어도 이동전화 기지국을 학교 근처만이라도 피해서 세우자는 주장을 하고 있었다.

우리도 거주지 근처에서 기지국을 발견하면 철거하라는 민원을 넣는다. 전국 어디에서나 LTE급 속도로 스마트폰을 쓰고 싶어 하면서 기지국은 멀리하고자 하는 모순을 저지르지 않으려면 어떻게 해야 하는지 생각해야 하지 않을까. 한국방송통신위원회에서 발표한 어린이와 청소년을 위한 휴대전화 사용법을 보니 이런 내용이 있다. 얼굴에서 떼고 사용하고, 통화 시간을 되도록 짧게 하며, 잠잘 때 머리맡에 두지 않는다. 그리고 시중에 판매되는 전자파 차단 제품은 성능과 효과가 확인되지 않았다는 설명까지 덧붙였다.

스마트 교육, 스마트 정부, 스마트 워크, 스마트 홈 등 '스마트'한 사회를 위해 스마트폰이 필수일까? 스마트폰에서 발생하는 전자파가 신생아의 체중과 키 감소에 영향을 미친다는 연구 결과가 보도되니, 임산부에게 핸즈프리를 사용해 전자파 흡수율을 줄이는 것이 요령이라고 전한다.

이렇게라도 해서 휴대전화를 사용하게 하는 이유가 뭘까? 심지어는 인체에 악영향을 미친다는 결정적 증거는 없다며 전자파의 무해성을 주장하는 측도 있다. 인공감미료도, 인공색소도, 각종 첨가물도, 농약도, 방사선도 모두 기준치 안에서는 안전하다고 홍보한다. 기억해야 할 사실은 기준치라는 것이 절대 불변이 아니라는 점이다.

'Blood in the Mobile'이라는 다큐멘터리 영화의 포스터(위)에는 한때 유럽에서 휴대전화 기기 점유율 1위를 자랑했던 회사의 로고가 찍혀 있다. 휴대전화가 살상무기이리라고 상상이나 할 수 있었을까? 콜탄 광산에는 대부분 아주 값싸게 부려먹을 수 있는 콩고 어린이들이 동원된다.

상황에 따라, 필요에 따라 적절히 바꾼다. 누가 누구를 위한 상황과 필요를 설정하는지 궁금해해야 한다.

전자파 유해성은 눈에 보이지 않는 피해이며 발병해도 연관성을 입증하기 어렵다고 하니, 다른 문제점을 거론해 보자. 동네 횡단보도 앞 또는 아파트 단지 내에서 스마트폰 게임에 빠져 있다가 교통사고를 당할 뻔하는 어린아이들을 숱하게 '목격한다'. 스마트폰에 시선이 고정되어 대학 캠퍼스 안에서 서행하던 차량에 부딪혀 아까운 목숨을 잃은 대학생도 '보았다'. 이런 사고를 개인의 부주의 탓으로만 돌릴 수 있을까? 규모의 경제에서는 대량 수요를 충족시킬 수 있는 대기업이 유리했으나 이제는 속도가 그 규모를 밀어내고 있단다. 네트워크 사회의 도래로 가변성과 유동성이 새로운 질서를 만들어내고 있단다. 과연 그럴까? 거의 매년 신제품을 출시하고 있는 브랜드를 보면 규모의 경제에다가 심지어 속력까지 가해졌다고 봐야 옳지 않을까.

자, 다양성을 부정하는 이유가 결국은 독점자본 배불리기에 충실하기 위해서라는 사회학자의 주장이 조금 길었다. 이 익숙하고 식상한 주장이 세대 내 환경정의와는 어떤 연관성이 있는지 환경사회학의 시선으로도 살펴보자.

수년 전 실화를 바탕으로 한 영화 '블러드 다이아몬드'를 보았다. 영화 덕분에 다이아몬드가 어떤 살육의 과정을 거쳐 개인의 손에 들어가는지를 알고 나서는, 다이아몬드로 치장한 사람을 보면 슬프다. 시에라리온의 다이아몬드처럼 아프리카 내전의 상당 부분이 자국민의 의지와는 무관한 이유로 터진다. 다이아몬드는 그나마 소수만을 위한 장신구이지만 휴대전화는 우리나라 전 국민의 손에 들려진 필수품인 상황이다. 그래서 콩고의 콜탄은 현재진행형이자 대규모 블러드 다이아몬드이다. 대체 무슨 소리인지 자세히 살펴보자.

『고릴라는 핸드폰을 미워해』와 『나쁜 기업』의 저자들은 콜탄이 매장되어 있는 위치와 멸종 위기 1급 동물인 고릴라의 서식지가 같은 바람에 휴대전화 대량생산과 대량소비가 고릴라의 서식지를 파괴하고 있다는 사실을 날카롭게 지적했다. 천연자원 매장국인 콩고가 겪어야 하는 역설적인 아픔을 고발했다.

콜탄은 휴대전화 필수 부품인 전해 콘덴서에 쓰이는 탄탈을 만드는 원료인데, 전 세계 콜탄의 80%가 콩고에 있다. 콜탄 광산이 몰려 있는 지역을 차지하기 위한 정부와 반군의 전쟁은 여전히 진행형이다. 이곳에서 밀반출된 콜탄은 알 수 없는 경로를 통해 유럽에 수출된다. 콜탄을 실어서 수송한 비행기는 그 대가로 내전을 위한 무기로 채워 온다는 유엔 보고서가 있다. 최신 휴대전화를 출시할 때마다 이 무기는 사람을 죽이고, 콩고 소년들은 병사로 입영한다.

휴대전화 제조업체들은 해가 바뀌면 신제품을 출시해 새 전화기를 갖고 싶다는 소비 욕구를 부추긴다. 우리는 쉽사리 '신상'에 현혹된다. 내가 쓰는 휴대전화와 고릴라가, 그리고 콩고 소년병이 깊이 연관되었으리라곤 생각지 못한다. 좀 아는 이라도 이렇게 말하면서

양심의 부담을 덜고 싶어 한다. "콜탄의 밀거래를 종식시켜 콩고의 내전도 막고 민주정부를 세우도록 하면 되지 않냐?"고. 맞다, 그러면 좋겠다. 그래서 그러겠다는 명분으로 외국 군대가 콩고에 주둔하면서 콩고 정부에 그러라고 촉구하고 있다. 실은 콜탄 광산을 차지할 기회를 노리면서 말이다.

속으로 내가 쓰고 있는 휴대전화는 아니겠지, 콩고산 콜탄을 쓰지 않았겠지, 하고 바라는가? 휴대전화 생산량 세계 1, 2위를 다투는 기업들이 모두 "우리는 절대 아니다."라고 주장한다. 그렇다면 그 많은 콩고의 콜탄은 도대체 어디에 쓰였는지 참 알 수 없는 노릇이다.

이 최첨단 소비자본주의 시대에 그렇지 않은 상품이 어디 있겠냐는 핀잔도 듣지만, 그렇다 해도 멀쩡한 휴대전화를 내게 버린 동생 덕분에 들고 다녔던 2G폰도 여전히 죄송하고 부끄럽다. 다이아몬드 박힌 장신구는 구입은커녕 차마 눈 뜨고 구경도 못한다. 어느 날 갑자기 무진장 저렴한 가격으로 수입되기 시작한 바나나가 실은 농약 중독에 쓰러져 간 원주민들의 인권 보호를 위해 일본에서 수입을 거부했기 때문에 가능했다는 사실을 알고 더 이상 바나나도 못 산다.

이러니 나는 세상 물정 모르고, 사회성이 떨어지고, 스마트하지 못한, 내가 봐도 명백한 우리 사회 부적응자다. 탐닉적인 자아가 넘치는 문화 안에서, 유연하게 새로운 사회질서에 맞추어 가야 하는 우리 사회에서, 나는 명백한 일탈자이다. 일상적 도전에 요령껏 대처하면서 재치 있게 살아가는 영민함, 스마트함이 철저히 부족한 나는 불편한 존재의 무거움이다. 근교 산에 올라 잠깐이라도 가슴 한 번 쫙 펴고 와야겠다 싶어 정상에 오르니 이제는 그곳에서도 '카톡새'가 카톡카톡 울어 댄다.

모든 사람들이 첨단 기기 불매운동을 하고, 21세기형 러다이트 운동(기계 파괴 운동)을 하자는 말은 아니다. 크게 변화할 것을 더 이상 바라지도 않는다. 딱 한 가지만 부탁하고 싶다. 부디 우리 사회 안에는 다양한 성향, 기질, 생각을 가진 사람들이 존재하고 또 존재할 수 있다는 사실이라도 인정했으면 한다.

물론 세계 유일의 분단국가에서, 남북이 이데올로기로 대치한 상황에서, 다양성을 요구한다는 것 자체가 불가능하다는 주장도 있고 동의한다. 하지만 통일이 묘연한 시점에서 언제까지 분단 탓만 하고 있을 수는 없다고 본다. 스마트폰을 스마트하게 쓰는 사람도 있고, 2G를 여전히 쓰는 사람도 있고, 휴대전화를 안 쓰는 사람도 있다는 것을 인정했으면 좋겠다. 기기 하나를 사면 평생 그거 하나만 쓰고 싶은 사람도 있고, 해마다 새로 사고 싶은 사람도 있다. 하나를 평생 쓰는 사람도 그의 선택을 주장할 수 있도록 인정해 주면 좋겠다. 그것이 인정되지 않는 사회구조에 대해 함께 문제를 제기해 줄 수 있으면 좋겠다.

제철에 난 음식을 맛나게 섭취하는 것이 나와, 이웃과, 생명과, 지구와 함께 살림하는 행위이듯, 식사 때는 밥을, 휴식 때는 하늘을 보고 살면 좋겠다. 약속을 정하고 그때가 되어 그곳에서 만나면 좋겠다. 그 약속을 지키고자 애쓰면 좋겠다. 약속을 지켜가는 그 과정의 소중함 덕분에 만난 사람, 결과물이 더욱 반가운, 그 기쁨을 누렸으면 좋겠다. 부디 이런 마음으로 세상을 살아가는 사람도 있다는 사실을 인정해 주면 좋겠다. 우리가 다양성을 폭넓게 인정할 때, 시장 구조도, 체제도 서서히 조금씩 변할 수 있을 것이다.

아, 참고로! 일본에서는 대중교통 안에서 휴대전화 통화를 금하고 있다. 노약자나 임신부를 배려한 자리 근처에서는 아예 끄라고 한다. 미래를 보는 우리가 되면 좋겠다. 아, 하나 더! 한 학생이 나를 따라 한다고 고장 난 휴대전화를 수리하지 않고 그냥 휴대전화 없이 살겠다고 하니, 학생의 친구가 "너 빨갱이냐?"라고 했단다. 조금만 더 옆을 보고, 조금만 더 먼 미래를 보는 우리가 되었으면 참 좋겠다.

쓴 커피에 쓴소리

이거 참 쓰다. 커피에 대한 글을 쓰기 전에 한잔 마셔 봐야겠다 싶어 커피 전문점에 들어갔다. 진한 커피 한 모금 꿀꺽 삼키니 쓰다. 커피에 딴지를 걸라 치면, 가장 먼저 되받는 말이 "커피는 기호 식품이고 각자 취향에 따라 마시는 건데, 그게 무에 문제냐?"다. 식사 후 커피 한 잔이 공식이 된 우리 문화에서, 커피를 안 마신다고 하면 "생태 운운하는 사람들은 다들 왜 그렇게 피곤하게 삽니까?" 하는 타박이 곧잘 날아온다. 그럴 때면 커피가 진짜 기호 식품이 맞나 싶기도 하다. 커피를 안 마시는 것도 기호로 인정되어야 하기 때문이다.

나의 '커피 딴지'는 막무가내식 '커피 반대론'이 아니라는 점을 먼저 밝혀 두고 싶다. 며칠 동안 밤샘 작업으로 '눈알'이 빠질 것 같은 공장 노동자나, 커피에 섞인 설탕에서 열량을 손쉽게 얻는 막일꾼에게, 밤낮없이 고속도로를 내달리며 졸음을 쫓아야 하는 트럭 기사에게, 약처럼 음용하는 믹스커피를 당장 끊으라고 외치려는 게 아니기 때문이다. '커피 딴지'는 바로 이런 방식으로 노동을 할 수밖에 없는 체제에 대한 논의다. 커피 농사에 시달리는 제3세계 노동자도 결국 다르지 않다.

요즘 문화를 이끄는 패러다임은 소비주의다. 그런데 이 소비주의를 이끌고 규범을 만들어 가는 게 주체적 개인이 아니라 각종 산업이다. 한국관세무역개발원에 따르면 2014년 기준으로 한국 성인 1인당 연간 커피 소비량은 341잔이고, 커피 수입 시장 규모는 약 7조 원이다. 만남의 장소라는 곳에만 가면 골목골목마다 한 집 건너 한 집이 커피 전문점이다. 가겟세, 인건비, 시설비 그 밖의 비용을 다 고려해도 커피값은 비싸다. 밥값보다 커피값이 더 나갈 때도 있다. 캡슐커피 기계가 예비 신부의 필수 혼수품이라는 소문은 그 근원지가 어디인지 의심스러울 지경이다.

커피의 각성제 성분은 에티오피아 목동이 이 열매를 먹고 흥분한 양을 보고 처음 발견했다고 한다. 커피 한 잔에는 40~180밀리그램 정도의 카페인이 들어 있다. 카페인은 중추신경을 자극해 잠을 쫓는다. 금단 증상이 나타날 수 있지만 개인에 따라 민감도가 다르다. 특히 인스턴트커피는 원두커피보다 카페인 함량이 더 높아서 불면증을 유발하기 쉽다고 한다. 인스턴트커피는 한국전쟁 당시 미군들이 전투 식량으로 처음 들여왔다고 한다. 2003년 이라크전쟁에서는 동결 건조 커피를 수시로 입에 털어 넣으며 졸음과 전쟁을 벌이던 미군이 아군을 오인 사살한 예도 있었다.(우리는 일상이 전쟁이어서 이토록 커피 수요가 높은 것인가 싶어 쓴웃음이 난다.)

오래전부터 현지인들은 커피의 성분을 민간요법에 활용했다. 15세기 중반 수피 수도사가 에티오피아 여행 중에 열병에 걸렸다가 원주민이 처방한 커피 가루를 먹고 나았고, 이를 본 성지순례자들이 커피를 중동 지역에 소개했다. 술이 금지된 이슬람에서는 커피가 빠른 속도로 퍼져 나갔다.

16세기에 유럽 귀족들과 부르주아 계급에게서 커피가 폭발적 인기를 끌자, 열강들은 커피를 신대륙에서 플랜테이션 농업으로 경작하게 했다. 그때부터 커피는 환금작물이 되었다. 영국과 네덜란드의 식민지였던 동남아시아에도 커피를 비롯해 카카오, 사탕수수 등이 재배되기 시작했고(초콜릿과 설탕도 같은 경로다.), 중남미로까지 재배 지역이 확대되었다. 이후 브라질은 세계 최대 커피 생산지가 되었다. 그 뒤를 이어 베트남, 콜롬비아, 인도네시아, 페루, 에티오피아, 멕시코 등이 주요 커피 수출국이 되었다.

이렇듯 커피를 많이 수출하는 나라들은 잘살고 있을까? 전 세계에서 석유 다음으로 물동량이 많은 게 커피라는데 말이다. 1990년, 전 세계 커피 생산국은 110억 달러의 원두를 수출했고, 같은 해 전 세계 소비자는 300억 달러어치의 커피를 소비했다. 2004년에는 55억 달러 원두를 수출했고 700억 달러어치의 커피를 소비했다. 다시 보자. 110억과 300억 달러, 그리고 55억과 700억 달러. 뭔가 이상하다. 판매액과 소비액의 현격한 차이!

1989년 구소련이 무너지기 전까지는 커피 생산국의 소농들에게 그마나 안정적인 수입을 보장해 주는 국제커피협약이라는 해결책이 있었다. 브라질, 베트남, 콜롬비아, 르완다 등 정치적으로 전략적 위치에 있는 국가의 소농들이 커피를 생산했기 때문에, 가난한 소농들이 공산주의 유혹에 빠질까 봐 자본주의 진영이 마련한 방어책이었다. 무엇 때문이었건 그마나 존재했던 협약이 구소련 붕괴 후, 다국적 커피 기업들에 의해 소멸되었다. 원두 재배뿐만 아니라 원두 볶기(로스팅), 가공, 상품화의 막강한 지배력을 가진 거대 다국적 기업은 수천만 소농의 생사여탈권을 쥐고 흔들었다. 이런 상황을 두고 그 기업들이 하는 말은 다음과 같다.

"세계화된 시장이 지니는 보편적인 힘 때문이며, 시장의 보이지 않는 손에 의한 가격 경쟁이지, 거대기업의 투기와는 무관하다. 경쟁력이 낮은 소농이 사라지는 데 우리는 책임이 없다."

하지만 이것은 무책임한 변명에 지나지 않는다. 가족농으로 일일이 수작업을 해야 하는 커피 농가는 적절한 대가를 받지 못했다. 생계를 잇자면 도시로 떠나 비정기적인 일자리를 구해야 했다. 결국 그들에게는 구걸과 성매매가 유일한 수입원이 된다.

기후가 적절해 풍토병의 우려도 낮고 땅도 비옥한 고원 지대에 살고 있는 현지인들을 저지대 아열대 작물 농장으로 이주하도록 권장하는 정부도 있다. 해발 고도가 높은 지역일수록 커피나무의 생장 속도가 느려서 열매를 맺기까지 시간이 걸리니, 다량의 수입원을 비교적 신속하게 수확할 수 있다며 저지대로 이주하기를 강요하는 것이다.

그렇다면 저지대 커피 농장에서 일하게 된 노동자들은 커피 생산량이 증대되어서 소득도 늘어났을까? 학교를 가야 할 아이들까지 일당 1달러를 벌기 위해 뙤약볕 아래에서 종일 일해서 생산한 원두 1킬로그램을 700원 정도 받고 판다. 이 양은 다국적기업이 대도시에서 5천 원짜리 커피 200잔을 만들어 팔 수 있는 양이다.

다국적 커피 전문점의 대표 주자인 스타벅스의 원두 대부분은 아프리카에서도 빈국에 속하는 에티오피아에서 생산된다. 에티오피아는 세계 최고 아라비카 원두 생산국으로, 커피 원두 생산이 이

나라 국내총생산의 절반을 차지할 정도이다. 기업은 현지 계약재배나 직접 경영 같은 방식으로 원두 가격을 한없이 낮춘다. 이런 상황에서는 환금작물의 국제가격이 급등한다고 해서 생산자의 상황이 나아지는 게 아니다. 급격한 가격 변동을 이용해 높은 수익을 얻는 것은 대형 수입업자와 유통을 독점한 거대 기업뿐이다.

열대우림을 개간해서 만든 대규모 커피 농장은 또한 여러 가지 환경문제도 일으킨다. 전통적으로 커피는 각종 동식물의 서식처가 되는 숲속 나무 그늘에서 자랐다. 하지만 산업화된 대규모 커피 농장은 나무를 다 베어내고 줄지어 커피를 심어 양달에서 재배한다. 그래야지 커피 열매가 더 빨리 익고 수확량도 늘기 때문이다. 게다가 열대우림을 개간했기 때문에 각종 병충해를 막기 위해 화학비료와 농약에 의존할 수밖에 없다. 대표적인 기호 식품이 되어 전 세계인이 마시는 커피가 열대우림을 파괴하고, 토양을 죽이고, 궁극적으로는 지구온난화와 자연재해를 불러온다.

커피 애호가들에게 인기가 많은 '자메이카 블루마운틴'이라는 커피는 고지대에서 생산되기 때문에 수확량이 한정되어 있고 그만큼 맛과 향이 풍부하다는 말이 떠오른다. 저지대로 내려가지 않고 고집스럽게 블루마운틴을 수확하고 있는 개념 있는 현지 생산자 덕분에 얻어진 원두일까, 아니면 소농을 저지대로 몰아내고 거대 기업이 고지대를 차지하고 생산한 원두일까. 곰곰이 생각해 볼 문제다.

잎이 넓은 바나나나무를 심어, 그 그늘 아래서 농약이나 화학비료를 사용하지 않고 재배하는 유기농 커피가 유통되고 있다. 사실 소농은 애당초 넉넉지 않은 형편 덕분에 농약과 비료를 사지 못해 원래부터 유기농 재배를 하고 있었다. 이들의 원두를 소비해 주고 땅도 살리자는 것이 초기 유기농 커피 보급의 의도였다. 하지만 그런 의도와는 무관하게 까다로운 절차와 비용 때문에 유기농 인증을 받기 곤란했던 소농들은 그 혜택을 거의 받지 못하고, 오히려 독점적 대규모 유기농 사업체가 숲을 개간해 새로운 유기농 농장을 구비한다. 그들이 또다시 규모의 경제를 이용해서 유기농 커피 농장을 운영하니, 현지 소농들은 속절없이 사라질 수밖에 없다. 안타깝게도 이것이 대량으로 생산되고 있는 유기농 커피의 현실이다.

그래서 공정무역 커피가 생겼다. 직거래를 통해 커피 생산 농가에 적정한 소득을 보장해 주는 것이 목적이다. 끊기 어려운 커피라면 공정하게 거래된 것을 마셔야겠다는 생각이 든다.

한편, 이런 생각도 든다. 개발도상국의 어린이 50여만 명이 비타민A 부족으로 시력을 잃어 가고 있기에 비타민A가 20배나 많은 '골든 쌀'을 개발했다는 소식을 들었을 때, 왜 그 아이들에게 비타민이 부족한지를 먼저 고민해야 하는 게 아닌가 싶었다. 수출용 환금작물 재배 대신 그 땅에서 예전부터 나고 자라던 신선한 농작물을 재배하고 자국민이 섭취할 수 있게 해야 하는 게 먼저 아닌가. 한편에서는 착취를 하면서 또 다른 한편에서는 유전자조작 곡물을 원조한다는 게 무슨 의미가 있을까? 식량주권 회복 없이는 유기농 환금작물도, 공정무역 환금작물도 다 허상이 아닐까? 누군가의 기호를 충족시켜 주기 위해 누군가의 삶은 피폐해지는 세상. 커피도 쓰고 세상도 쓰다. 쓰디쓰다.

잠깐의 각성제 역할을 하는 커피 몇 잔을 위해 착취되는 현지 노동자들, 파괴되는 환경을 생각하면 잠이 확 깨지 않는가. 그래도 안 깨면 기지개 쭉 펴고 자리에서 일어나 산책도 좀 하고 오자. 일은 언제 하냐고? 대충 하자. 우리가 이 불합리를 상쇄할 만큼 그리 대단한 일을 하고 있다고 생각지 않는다. 아니면 지역에서 난 찻잎을 우려내어 차 한잔, 또는 작은 허브 화분 하나 옆에 두고 잎을 뜯어서 한잔씩은 어떤가.

서구의 친구들도 우리와 비슷한 고민을 한다. 오스트레일리아 바이런베이 시는 생태 마을 활성화를 지원하는 곳이다. 생태마을네트워크 초기 발기인이자 『오래된 미래』의 저자인 헬레나 노르베리-호지와 함께 들른 그곳 가게에서 대안 커피라 해서 먹어 본 '발리차'가 있다. 그건 무엇이었을까? 커피 맛 같기는 한데, 시큼한 맛은 없고 쓴맛이 강하고 동시에 왠지 익숙했던 그 맛! 발리barley는 보리다. 내가 마셨던 건 진한 보리차다. 내가 어릴 적에 집에서 노상 마시던 그 보리차가 서구의 대안 커피다.

우리가 마시던 평범한 보리차 한잔이 커피보다 더 낫다고 해 봤자 시시할 테니, 차라리 '발리티'를 수입해서 '대안 커피'라는 이름으로 포장해서 팔면 이것도 시쳇말로 '대박 아이템'이 되지 않겠나. 우리 입맛에 맞는 커피콩을 우리나라에서 생산하려는 사람들도 있지만, 과연 국내산 커피의 미래가 어떨지 우려된다. 한국에서 생산되는 와인이 그렇게 많은데도 와인은 역시 수입산이 낫다고 여기는 현실을 보면 말이다.

이런 얘기를 아무리 해 봤자 이미 커피는 국민 기호 식품이고, 커피 전문점은 복합 문화공간이 된 현실을 뒤집지 못한단다. 패스트푸드점은 구매력이 낮은 고령층의 약속 장소로 애용되고, 커피전문점은 대학가에서 도서관 또는 세미나실 대용으로 활용되고 있다 한다. 이것이 주류 풍속도라고 한다. 그렇다면 그런 공간이 필요하다면, 주어진 문화만 이용할 게 아니라 우리 식으로 문화를 만들어 가면 어떨까?

"우리 동네에도 시골에 있는 마을회관 같은 곳이 있으면 좋겠어. 놀러 가서 맛난 것도 얻어먹고, 할머니도 만나고, 그러면 좋겠는데."

딸이 한 이야기다. 멈칫했다. 옳다. 정신없이 휩쓸리지 말고 멈춰서 주위를 살펴보면 지역에서, 마을에서 자신들이 원하는 대로 직접 공간을 창조하고, 생활 방식을 함께 만들어 가는 사람들이 있다. 집집마다 책을 쌓아 두거나 캡슐커피 기계를 사들이지 않고, 마을 도서관 겸 마을 다방 노릇 다 해내는 마을회관을 공유할 수 있다. 어디 나눠 먹을 게 커피밖에 없겠나. 뭐든 나눌 수 있다. 커피 생산지의 소농에게서 직접 원두를 구해다가 손수 볶고, 갈고, 쓰다 시다 하는 품평과 잔소리도 나눌 수 있다. 그게 사람 사는 동네다. 나도 행복하고 에티오피아 꼬마도 즐겁고 땅도 산다.

사족 하나, 북경사범대에서 강의할 때 겪은 일이다. 커피 사례를 들어 세대 내 불평등을 설명하고자 질문을 던졌다. "대형마트 진열대에 다양한 커피가 놓여 있습니다. 알뜰 커피, 일반 커피, 유기농 원두커피, 공정무역 원두커피, 유기농 공정무역까지. 이중 여러분은 어떤 걸 구매할 건가요? 이유는?" 미세먼지 자욱한 바깥 풍경과 사뭇 다른 초롱초롱한 눈망울이 답한다. "근데, 커피를 왜 사요?" 독점적 자본주의 체제에 아직은 덜 포섭된 그들과는 무관한 사례를 들먹인 무식한 질문이었다. 나는 아직도 멀었다.

파란, 깍두기 그리고 노동, 여가

3포 세대, 4포 세대 하더니 이제는 N포 세대라고 한다. 안정된 일자리를 구하지 못해 연애, 결혼, 출산, 인간관계, 내 집 마련을 포기한 세대란다. 정규직보다 비정규직이 흔한 시대다. 나도 1년짜리 또는 3년짜리 계약서 사인에 익숙해지는 계약직 지식노동자다. 어쩌다 결혼했고 딸내미도 하나 키우고는 있지만, 내 집 마련은 일찌감치 포기했다. 국가적 차원의 사회복지가 미흡한 상황에서 1900만 노동자 중 비정규직 600만(한국노동연구원, 2015년 8월 현재) 시대는 심각한 사회문제임에 틀림없다. 정규직 일자리 창출이라는 되도 않는 소리보다 안정된 사회복지 체제가 시급하다. 기본적인 사회복지를 마련한다면, 사람들은 정규직을 보장하는 구조만이 답이라고 고집하지 않을 수도 있다. 사회적 약자, 즉 '깍두기'를 배제하지 않고 인정하고 언제든 끼워 줄 수 있는 방법을 찾아야 한다. 정규직, 비정규직, 계약직 등으로 분류되는 노동 구조 자체를 넘어서도 된다. 방법은 많다.

『유토피아에서 온 소식』에서 주인공은 강을 건너기 위해 배를 탔다. 배를 태워 준 뱃사공에게 뱃삯이 얼마냐고 물었다. 사공은 그 질문을 이해하지 못한다. 주인공은 오히려 일을 하고도 대가를 받지 않겠다는 사공을 어이없어한다. 나중에 주인공이 연륜 지긋한 햄먼드에게 상황 설명을 부탁하자 그는 이렇게 답한다. "노동에 대한 대가가 없다구요? 노동한 대가는 삶life, 바로 그 자체입니다. 그거면 충분한 거 아닌가요? 특별히 훌륭한 노동을 했다면 '창조'라는 부분도 그 대가로 더해지겠군요. 당신은 아이를 보살피고 거기에 청구서를 요구하겠습니까?"

노동의 대가는 삶 그 자체이므로 돈이라는 것을 주고받을 이유가 없다고 한다. 그러나 어린아이를 돌보는 것에서부터, 어린이에게 우리의 지혜를 알려 주는 것, 청소년에게 지식을 전달하는 것, 이 모든 것이 돈으로 환산되는 것이 현실이다.

자, 한번 따져 보자. '일'의 반대말은? '쉼'이다. 쉴 때는 무얼 하나? 인터넷 검색을 하거나 텔레비전을 본다, 여행을 가거나 스포츠를 즐

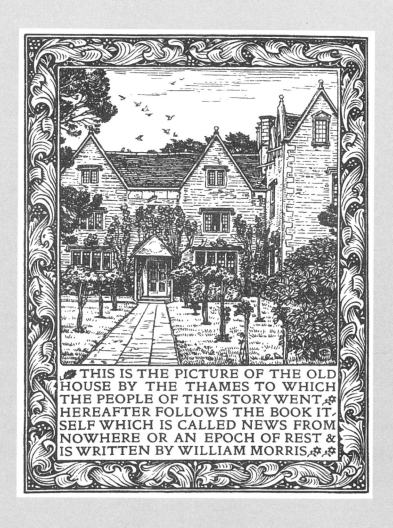

THIS IS THE PICTURE OF THE OLD
HOUSE BY THE THAMES TO WHICH
THE PEOPLE OF THIS STORY WENT.
HEREAFTER FOLLOWS THE BOOK IT-
SELF WHICH IS CALLED NEWS FROM
NOWHERE OR AN EPOCH OF REST &
IS WRITTEN BY WILLIAM MORRIS.

윌리엄 모리스의 『유토피아에서 온 소식』 1893년 판본에 실린 권두화. 모리스가 주인공이
되어 여행한 유토피아 모습 중 템스 강변의 고건축물을 판화로 새긴 것이다.

긴다 등등. 그러고 보면 각종 레저산업이 우리 사회의 여가 문화를 이끈다. 산악용 자전거를 팔더니 이제는 고가의 캠핑 도구가 날개 돋친 듯이 팔린다.

텔레비전이나 인터넷 같은 매체는 책과 달리 상상력을 자극하지 못해 두뇌 발달을 돕지 못하는 바보상자이고, 수많은 광고로 소비주의를 극대화하는 요물이며, 스포츠 중계를 통해 사회에 대한 비판 의식이 소멸된 우매한 대중을 만드는 권력의 도구라는, 사회학자들의 오래된 비판은 여전히 유효하다.

충동적 소비를 확산시켜 황금만능주의에 빠져들게 하고, 더 많은 광고를 하기 위해 더 높은 시청률을 요구하고, 더 자극적인 내용들을 쏟아낸다. 욕구의 확대재생산은 상품 사용 주기를 단축해 자원을 낭비하고 각종 쓰레기를 만들어낸다. 그 돌고 도는 소비 지향, 물질 만능의 쳇바퀴에서 내려와 좀 더 적극적인 문화를 창조할 만도 하지 않은가.

여하튼 빠듯한 형편 덕분에 오직 손가락 힘에 의지해 각종 텔레비전 프로그램을 섭렵한 다음 날, 친구들과 열심히 미디어 비평을 하며, 조직화되고 동일화된 여가를 누리고 있는 우리는 과연 제대로 쉬고 있는 것일까? 반 평 공간 노래방에서 한 시간 안에 최대한 많은 곡을 최대한 악을 쓰며 불러 젖히고는 왠지 모를 허전함에 씁쓸했던 적, 부모라면 아이들 손에 이끌려 놀이공원 자유이용권을 끊어 억지 자유를 누린 적 없었는가? 어쩌다 생긴 샌드위치 휴일에 아이들을 부모님 댁에 보내 놓고 푹 쉬어 보겠다 했는데 결국 내내 컴퓨터게임으로 눈만 아팠던 적이 없었던가 말이다.

어떤 의무감에서 벗어났다는 의미를 지닌 여가라는 단어를 뒤집어 생각해 보면 구속된 삶의 영역이 분명 있다는 말이다. 구속받는 삶에서 오는 스트레스를 풀기 위해 여가 시간이 있다. 해서 노동의 양과 질에 따라 여가의 양과 질도 영향을 받는다는 점을 잊어서는 안 된다.

산업화 이후 물품을 생산하는 공간과 필요한 것을 소비하는 공간이 구분되었을 뿐만 아니라, 시간 또한 생산을 위해 일하는 노동 시간과 일을 하지 않는 자유 시간, 즉 여가로 나뉘었다. 자유 시간 또는 휴식 시간은 생산의 반대 개념인 소비를 위한 시간이다. 이때 소비는 물품 소비뿐만 아니라 여가 소비도 포함된다. 일과 여가가 뚜렷이 분리되면서 사람들은 휴가를 위해서는 도로가 막히더라도 생활권역 밖으로 떠나고자 한다.

독일의 문화사회학자인 테오도어 아도르노(1903~1969)는 이러한 현상을 '노동의 연장으로서의 여가'라는 개념으로 설명한다. 고단한 노동으로부터 잠시 해방감을 맛보려는 사람들에게 유흥을 제공해 노동 체계에 지속적으로 편입시키며, 여가 산업을 통해 취미 이데올로기를 유포해 체제 공고화에 기여한다는 개념이다.

취미가 무엇이냐고 묻는다는 건 취미를 반드시 가져야 하는 어떤 것으로 만들어 버린다. 이렇게 하여 평균적 가치와 지배적 문화 취향을 가진 사람들이 '조직화된 자유' 또는 '여가 속의 부자유'를 누리고 산다고 지적했다. 아도르노는 여가가 기존 노동 체계를 끊임없이 재생산해내는 부정적 측면을 날카롭게 포착한 것이었다. 어느덧 우리는 이 체계에 너무나 익숙해진 나머지, 여가를 선용한다며 고심할 때조차도 시장의 논리에서 크게 벗어나지 못한다.

대다수의 사람들이 상품화된 여가를 무의식적이고 기계적으로 구매하는 경향이 늘고 있고, 돈만 있으면 고민 없이 간편히 이용할 수 있는 다양한 여가 상품들이 공급되고 있다. 더 편리하고 더 나은 여가를 보내려면 더 많은 돈을 벌어야 한다. 더 많은 돈을 벌기 위해 더 많이 일하거나, 더 많은 수입을 얻는 직업을 가지려고 한다. 덕분에 고소득 직업을 얻기 위해 지나친 경쟁주의, 이기적 출세주의에 매몰되곤 한다.

그런데 고소득 직업이란 것도 따지고 보면 체제 논리에 맞게 편입된 전문가 집단일 뿐이지 의사들만이 병을 고치거나 판사들만 갈등을 해결할 수 있는 것은 아니다. 고열이 난다고 반드시 해열제를 먹어야 하는 것도 아니고, 아이를 반드시 병원에서 낳아야 하는 것도 아니다. 내 몸을 나와 사회가 건강하게 유지할 수 있도록 다양한 방법을 공유할 수도 있다. 그리고 좋은 먹을거리를 생산하고 제공하거나, 오염 없는 환경을 만들어 병을 이겨내도록 또는 병에 걸리지 않도록 하는 것은 예방적 차원의 질병 관리법일 수 있다. 법률 소송과 관련된 문제들도 마찬가지다. 이웃과 소통하고 서로를 위해 만든 약속들을 신뢰 속에서 지켜나갈 수 있다면 변호사도 판사도 고소 득 직업이어야 할 이유가 없다.

월요일에 또다시 고된 일을 하기 위해 일요일에 실컷 잠만 자야 하는 것이 아니고, 또는 일한 대가로 받은 돈을 레저라는 형식의 휴식을 위해 써 버리는 것이 아니어야 한다. 일하지 않는 시간을 소비를 위한 시간에 허비하는 대신 개인과 이웃의 삶을 윤택하게 하는 데 쓸 수도 있다. 이웃과의 관계를 돈독하게 해 주는 상호부조 활동에 쓸 수 있어야 한다. 다양한 예술 활동을 할 수도 있고, 후손에게 물려줄 자연을 보존하는 데 쓸 수도 있다. 그렇게 함으로써 현재 전문가만이 할 수 있다고 생각했던 많은 것들을 풀뿌리 지방자치단체의 구성원이 제공할 수 있다. 그리고 이러한 모든 행위는 어떤 목적을 달성하기 위한 수단, 돈을 벌기 위한 것이 아니라 모리스의 말처럼 행복한 삶, 만족스러운 삶, 그 자체를 위한 것이다.

하루 몇 시간의 노동 또는 1년 중 며칠의 휴가뿐만 아니라 전 생애의 노동시간과 자유 시간도 명확히 구분되는 것이 현대사회이다. 파편화된 분업 노동 때문에 딱 그 직장에서만 쓸 수 있던 기술은 정년 이후 아무 데도 쓸모가 없다. 그토록 간절했던 자유 시간이 그때는 원치 않는, 지겨운 시간으로 다가온다. 취미 생활이라도 하려면 또다시 돈을 들여 학원에 가야 한다. 이처럼 체제 논리에 따라 체제 유지에 부합하도록 관리되고 통제되는 노동과 여가는 진정한 노동과 여가가 아니다.

그런 까닭에 독일의 사상가 헤르베르트 마르쿠제(1898~1979)는 비인간적인 노동이 사라진, 놀이로서의 삶 자체가 실현되는 새로운 양태의 문명에서만 진정한 의미의 여가가 가능하다고 보았다. 아도르노나 마르쿠제의 비판처럼 노동과 여가는 동전의 양면이다. 이러한 사실을 진지하게 받아들이고, 노동 자체의 건강성을 회복해 자기 자신이 주인이 되는 노동과 여가, 사회공동체에 기여하는 노동시간과 자유 시간, 즉 진정한 노동과 여가를 실현할 방법을 궁리할 때이다. 진정한 노동의 대가를 찾을 때이다.

『유토피아에서 온 소식』의 주인공이 이번에는 길에서 구걸하는 사람이 없다는 사실을 발견하고는 '가난한'poor 사람들은 어디에 있느냐고 묻는다. 그런 사람들은 없지만 만약에 있다면 집에 있을 것이라 대답한다. 오히려 '아픈'poor 사람을 왜 길거리에서 찾느냐고 되묻는다. 영어로 가난한 사람과 아픈 사람은 모두 'poor'로 표현되니, 주인공은 가난한 사람이 없는 이유를 물었는데 그곳 사람은 아픈 사람으로 이해했다. 즉 '가난'이라는 개념이 아예 없다는 뜻이다.

유정란을 생산하는 양계장에서 며칠 동안 일손을 보탠 적이 있다. 어미 닭에게 공손히 인사한 뒤 조심스레 달걀을 꺼내 와서 닦고 정리하는 일을 했다. 상품성이 떨어지는 모양이나 크기를 가진 달걀은 '파란'으로 분류한다. 유정란이 아니라서가 아니라, 흠집이 있어서가 아니라, 상해서가 아니라, 소비자들이 똑같은 모양과 색깔의 유정란만 찾기 때문이다. 그렇다고 파란을 폐기 처분할 이유 또

한 없다. 근처 제과점 사장님이 파란을 사 간다. 동네 사람들과 나
누기도 한다. 핑크플로이드의 노래 '더 월'The Wall에서 비판했건만,
그럼에도 벽돌이 되고자 하는 이들까지 다 막아낼 힘은 없으니 그
들은 그렇게 살라 하고, 그 밖의 파란들은 루저니 낙오자니 폐기 처
분감으로 낙인 찍을 것이 아니라 필요한 곳에 더 요긴하게 쓰면 되
겠다. 그러면서 깍두기도 끼워 달라는 요청도 계속 해야 한다. 이 방
법이 최선은 아니지만 차선은 되지 싶다. 그래서 요즘 사회적 기업,
협동조합 등 사회적 경제라는 차선을 찾는 이들이 늘고 있다.

지속가능한 소비? 지속가능한 삶!

　현대사회는 가능한 한 많이 소비하는 것을 미덕으로 여기며 더
많이 소비할수록 더 행복해진다는 소비 중심의 문화를 추구하고
있다. 그리고 그러한 소비문화를 유지하고 확장하는 데 가장 큰 역
할을 하는 것이 대중매체라는 사실을 잘 안다. 주류 경제학에서 추
구하는 '소비와 폐기의 경제'Throwaway Economy는 상품을 더 빨리 대
체하는 것이 경제활동을 증대시키는 데 도움을 주기 때문에, 상품
의 수명이 오래가지 않는 것이 더 바람직하다고 가정한다.
　국가는 국민들의 지속적이고 활발한 소비가 생산을 촉진시키고
이를 통해 국가 경제가 활성화된다며, 국민들을 소비 중심 사회에

익숙하도록 유도한다. 이러한 경향은 서구에서 시작된 산업혁명, 즉 기술 개발과 기계 사용으로 가능해진 대량생산과 대량소비의 가속화에서 시작되었다.

현대인을 실존적으로 규정하는 말이 '호모 콘수멘스Homo consumens, 즉 '소비하는 인간'이 되어 버렸다. 신자유주의를 비판한 피에르 부르디외(1930~2002)가 『구별 짓기』에서 지적한 바와 같이, 오늘날의 사회 계급 또한 경제적 측면과 고용에 의해서만이 아니라 소비문화적 취향과 차이로 결정되고 있기 때문이다. 이는 환경과 사회의 지속가능성을 추구하는 측면에서 보면, 앨런 슈나이버그(1939~2009)가 '생산의 쳇바퀴'라는 용어로 설명하듯이 끊임없는 소비와 폐기라는 정형화된 악순환의 관계로 볼 수밖에 없다.

필요 이상의 소비와 소유 가치만을 중요시하는 소비생활이 인간 스스로를, 타인과의 관계를, 환경과의 상생의 고리를 느슨하게 만들고, 나아가 파괴시키기까지 한다. 때문에 소비사회에 대한 자성과 지속가능한 소비에 대한 진정한 고민이 절실하게 되었다. 그래서 현재의 환경 위기와 소비중심주의를 극복하기 위해서는 지속가능하지 않은 토대 위에서 이뤄져 온 생산과 소비 활동 모두에 근본적인 변화가 일어나야 한다.

앞서 살펴본 국제 환경 정책에 따르면, 지속가능한 발전과 지속가능한 소비생활의 중요성을 강조하면서부터 국가별로, 지역별로 형편에 맞는 정책을 추진하고 있다. 정책을 입안할 때 지속가능성의 개념과 중요성을 인식해 환경문제에 회의적인 소비자들의 관심을 유도하는 정책적 노력을 하고 있다는 점은 긍정적이다. 다만, 지금의 정책 수준은 지속가능한 삶으로 이행하기 위한 근본적인 해결책에 이르지는 못하고 있다. 최종 구매 단계에서의 지속가능 소비에 초점을 둔 교육이나 홍보가 주를 이루기 때문이다. 전반적인 생활양식의 변화라는 광의의 의미보다는 소극적이고 협소한 지속가능 소비만을 양성하는 정책에는 한계가 있다.

우리 정부가 주도해 국제 무대에서 홍보의 목소리를 높이고 있는 '저탄소 녹색 성장'의 경우, 이전의 굴뚝성장 산업이 무늬만 녹색으로 바꾼 행태를 보여 이에 대한 비판의 목소리가 높다. 쉬운 예로, 4대강을 복원한다던 것이 '보 준설' 토건 사업과 다르지 않았다. 또, 단순히 탄소 배출 감축만을 최종 목표로 하기 때문에 지역분산형 재생에너지보다 핵발전소 건설에 적극적인 정책도 꼽을 수 있다.

기존의 시민단체들이 오랜 기간 펼쳐 왔던 녹색 소비 운동 또한 단기간 범국민적 홍보를 단행해 친환경 상품 구매 촉진에 기여(?)했다. 절전형 가전제품을 더 많이 보유한 가정을 에코홈으로 선정하겠다는 탁상행정 제안서를 평가하는 자리에서 "이참에 가전제품 싹 바꾸면 1등 먹겠다."는 패널이 있었다. 이게 실상이다.

무엇을 위한 녹색 소비인지, 또는 진정으로 지속가능한 삶은 무엇인지 같은 장기적 비전에 대한 고민 없이 일시적 해결책만 제시할 경우 한계에 부닥칠 가능성도 높다. 녹색 구매나 녹색 소비는 지속가능한 삶을 위한 출발점 또는 하나의 실천 방안에 지나지 않는 것들이다. 환경 정책은 단기적이고 일시적인 효과에 집착해서는 안 된다.

'소비자'로서 살아갈 수밖에 없다면, 제품의 생산에서 운송, 소비, 최종 폐기까지 전 생애에 걸쳐 유발되는 환경적 영향을 고려하는 지속가능한 소비를 지향해야 한다. 이 정의에 따르면 녹색 소비는 현 사회경제의 구조적 한계(자원 개발-대량생산-대량소비)를 넘어서지 못한다. 소비에 대한 패러다임 전환을 통해 적극적으로 지속가능한 삶을 추구하고자 하는 인식 변화가 필요하다.

지속가능한 소비는 지속가능한 삶과 동의어다. 현재를 지향하는 실천적 의미에서 그렇게 이름 붙였을 뿐이다. 워낙 소비자본이 우리의 일상을 철저하게 장악한 상태여서, 소비에서부터 인식과 행태에 대한 자각이 일어나야 하고, 그로부터 삶의 전환을 이뤄내자는 것이다.

다시 한 번 강조하건대, 지속가능한 삶에 대한 주장은 빈곤의 시대로 역행하자는 말이 아니다. 너무 비대해졌으니 다이어트 좀 하자는 거다. 황제 다이어트니 지방 흡입이니 그런 방식 말고 제대로 운동하고 제대로 된 식습관을 가지고 살자는 것이다.

그래서였는지 지속가능한 생활 방식이 초기에는 중산층을 중심으로, 또는 중산층을 위한 실천 양식으로 출발한 경우가 많았다. 때문에 구 사회운동 진영은 환경운동을 중산층 운동이라고 비판했다.

검소함이라는 '사치'를 부릴 수 있는 탈물질주의자들 또한 기근에 허덕이기보다는 물질주의를 탐닉할 수 있으나 이를 지양하는 계층임을 부인할 수 없다.

그래서, 그러니까, 먹고살 만한 사람들부터 생활 방식을 반성하고 지속가능한 사회를 만들기 위해 앞장서는 것도 나쁘지 않다. 다만, 먹고살 만하니까 다이어트를 시작했을지라도 바로 그 때문에 더더욱 먹지 못하고 살 만하지 않은 이웃과 함께해야 한다.

더불어 함께 지속가능한 사회를 만들기 위해 꾸려진 다양한 생활 방식이 곳곳에 존재한다. 그들은 이미 실험된 지속가능한 생활 방식을 응용하거나 변용하기도 하고, 새롭게 창출하기를 멈추지 않았다. 그중 몇 가지 사례를 살펴보자.

먼저, '생태발자국지수'라는 것이 있다. 1996년 캐나다 경제학자가 고안한 개념으로, 인간이 살아가는 동안 생산, 소비, 폐기를 하면서 자연에 미치는 영향을 육지와 바다를 포함한 지표 넓이로 환산한 수치이다. 쉽게 말해, 우리가 먹고 입고 살아가는 데 지구 자원을 얼마나 쓰고 버리는지, 이것을 지구가 얼마나 감당할 수 있는지를 보여 주는 수치이기 때문에 지속가능성의 지표로 활용하는 것이다. 넓이의 단위인 헥타르를 사용하므로, 수치가 커질수록 환경문제가 심각함을 뜻한다.

2008년, 국제환경단체인 '글로벌 생태발자국 네트워크'의 조사에 따르면, 현재 지구상의 인구가 의식주를 해결하기 위해 평균적으로

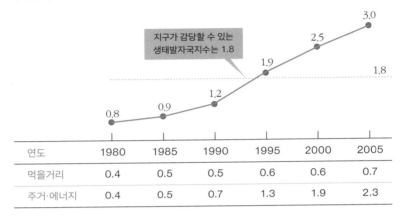

우리나라 생태발자국 지수 추이(자료: 녹색연합)

연도	1980	1985	1990	1995	2000	2005
먹을거리	0.4	0.5	0.5	0.6	0.6	0.7
주거·에너지	0.4	0.5	0.7	1.3	1.9	2.3

지구 2개의 자원과 서비스를 이용하고 있다. 만약 전 세계 사람들이 선진국 수준의 소비를 한다면 지구 9개가 필요하다. 인류의 생존을 위해서라도 당연히 생태발자국지수를 줄여야 한다.

짐작하다시피, 현대인들의 생활 방식은 생태발자국을 너무 크게 남긴다. 일상생활과 밀접하게 관련된 식품, 의류 같은 생활소비재를 생산하고 수송하는 데 너무 많은 에너지를 쓰기 때문이다.

세계의 공장이라는 중국에서 만들어진 공산품이 우리 일상을 도배하다시피 하고 있다. 그 물건들은 중국뿐만 아니라 다른 저개발국의 자원과 값싼 노동력을 이용해 생산, 가공되어 최종 소비자가 기다리는 시장으로 운송된다.

농산물도 예외가 아니다. 커피에서 보았듯이 특정 산지에서 재배

되는 환금작물은 생태발자국지수가 클 수밖에 없다. 또한 환금작물은 원주민의 식량 자립과 식량 주권을 포기하게 만들고, 농산물의 안전보다 비용 감소에 역점을 두어 생산의 효율성을 강조하게 한다. 이는 다량의 제초제와 살충제, 방부제를 뿌려 식품뿐만 아니라 재배지를 오염시키며 가용 식수 부족 등 환경 불평등을 초래하기에 이른다.

이러한 문제점을 극복하고자 가까운 곳에서 제철에 생산된 음식을 먹자는 로컬 푸드 운동이 시작되었다. 생산자와 소비자의 면 대면 관계를 재생시켜 쌍방의 지속가능한 삶을 촉진하자는 생협, 생산자와 소비자의 직거래를 활성화시키는 농민 장터, 소비자가 직접 생산에 참여하는 텃밭 사업까지, 매우 다양한 활동이 펼쳐지고 있다.

다국적기업이 장악한 가공업자와 중간 상인 들의 횡포로 인해 불공정하게 이루어지고 있는 거래를 개선하고자 마련된 공정무역 인증 제도도 있다. 이러한 대안 모색은 사회와 환경 모두의 지속가능성을 추구하기 때문에, 소비재의 유통 과정에서뿐만 아니라 토지 자체의 지속가능성을 도모한다. 대량생산과 이윤 추구에만 급급한 관행농을 지양하고, 지역 중심의 유기농을 지향한다.

자연 농법, 생명 농법, '퍼머컬처'Permaculture 등을 추구하는 마을도 있다. 1970년대 말 오스트레일리아의 빌 몰리슨(1928~) 교수가 처음 쓴 '퍼머컬처'란 용어는 '영구적'permanent 과 '농사'agriculture가

합쳐진 용어이다. 1947년 귀농한 뒤 무경운無耕耘, 무농약, 무제초, 무이양, 자연 멀칭mulching(잡초를 막고 온도나 습도 등을 조절할 목적으로 작물이 자라는 땅을 덮어주는 일이다.)등 자연 농법을 실천한 일본의 후쿠오카 마사노부의 '태평 농법'과 같은 방식이다. 요컨대, 자연의 방식대로 인간의 개입 없이 자연스럽게, 글자 그대로, 스스로自 그러하도록然 두는 자연 농법이다.

지역화폐는 화폐의 교환가치에 제동을 걸어 지속가능한 삶의 방식을 실험해 보는 훌륭한 사례이다. 지역화폐는 소비주의를 극복하고 호혜적 삶의 원형을 되찾고자, 지역공동체에 속한 회원들 간의 품앗이 거래를 촉진시키려는 목적에서 시작되었다.

회원들이 물품이나 노동을 필요에 따라 제공하고 제공받는 품앗이 거래이다. 이는 상호 신뢰를 바탕으로 한다. 때문에 개인의 능력과 자원을 직업이라는 공식화된 시장에서 사고파는 것이 아니라, 비공식적 영역에서 충분히 활용해 개인의 자존감과 공동체의 연대감을 동시에 강화할 수 있다.

그 사례로는 영국 '토트네스 파운드'Totnes pounds, 미국 '이타카 아워스'Ithaca Hours, 이탈리아 '다만후르 크레디토'Damanhur Credito 같은 지역화폐들이 있다. 지역화폐는 다국적기업과 금융기관에 집중된 부가 지역의 개인과 사업체를 통해 지역 내에서 지속적으로 순환되고 교환되도록 한다. 그럼으로써 지역경제를 활성화하고, 비용을 절감하고, 환경 친화적 경제체제가 형성되는 데 기여한다. 우리나라에는 화폐 형태로 제작되지는 않았지만 통장에 기입해 활용하는 지역 화폐들이 있다. 2000년부터 시작된 대전 한밭레츠의 '두루'와 과천 품앗이의 '아리'가 대표적이다.

　지속가능한 소비를 넘어 지속가능한 삶을 직접 실천하는 이들에게, "우산이 되어 줄 수 없으면 비라도 함께 맞는다."라고 하시는 인드라망 중묵 스님의 말씀을 무색하게 만드는 일들이 생긴다. 앞서 언급했듯이 초기에 유기농이나 공정무역 상품들이 비싼 편이고 특정 소비층만 대상으로 한 면이 있었지만, 이제는 안전한 물품이라는 인식이 널리 퍼진 덕분에 상당히 대중화가 되었다. 그러나 인드라망이나 핀드혼 구성원들이 생산하는 유기농이며, 공정무역 물품은 가격 때문에 생산자 자신은 직접 소비할 형편이 못 되는 경우도 생긴다. 내가 노동했으나 내가 소비할 수 없는 문제가 여전하다.

　파란을 분류해 본 뒤, 유정란을 파는 생협 매장에서 판매를 도운 적이 있다. 유정란 중에서도 닭이 처음 낳은 달걀을 '초란'이라 하여 따로 팔기도 한다. 공급량이 많지 않아 한 사람에게 한 판씩만 판다. 딸내미가 초란으로 다이어트 중이라 여러 판을 사야 한다고 생떼를 쓰는 소비자가 있었다. 토마토 상자 뚜껑을 열어 한 곳에 큰 것을 몰아 담고는 그것만 사겠다는 소비자도 꼭 있다. "실은 생협 매장은 조합원들이 이용하므로 조합원이라 불러야 옳지만, 이런 구매자들은 생협의 취지를 무색케하는 이기적 소비자의 전형일 뿐".

　이런 사례들을 듣고 나면 당장 "거봐, 생태 마을도 별수 없다." "그러니까 대안적인 삶은 결국 없지 않겠냐?"며 혀를 차는 사람들이 있다. 하지만 그렇게 쉽게 단정 짓지는 마시라. 몸소 실천하는 그들은 책상머리에 앉아서 대안을 이야기하는 학자도 아니고, 대안적 삶이 가능하다고 성과나 나열하는 전시 행정가도 아니다. 그들은 자신들의 하루하루의 삶이 생태적이고 지속가능하도록 실천하고 있다.

말로 하는 것과 실천하는 것, 그리고 그 실천이 자신의 일상이 되는 그 단계 사이에는 상상할 수 없을 만큼의 엄청난 노력과 고뇌, 번민이 따른다. 장바구니 하나 못 챙겨서 여전히 비닐봉지를 쓰는 사람, 승강기에서 몇 초를 못 참아 '닫힘' 버튼을 두세 번 누르는 사람, 직거래 유기 농산물 중에서도 곧게 쭉쭉 뻗은 오이만 고르는 사람이, "봐, 결국 생태 마을도 별수 없잖아!"라고 말할 수 있을까.

출산과 보육을 맡은 엄마들에게

8년에 이르는 외국 생활을 접고 2007년 한국에 돌아와서 여러 가지 한국식 관례에 부딪혀 힘들어할 때면, 주위 사람들은 점차 적응해 나가리라 어깨를 두드려 주었다. 하지만 그런 격려 속에는 너도 별수 없을 거라는 비아냥거림이 느껴져 그 토닥임이 달갑지 않았다.

밖에 오래 나가 있어서 한국 사회에 금방 적응하지 못하는 것도 사실이지만, 나는 나가기 전에도 크게 다르지 않았다. 오히려 바깥 세상 경험을 하고 돌아오니 더 절절히 비교가 되어 더더욱 안타까운 일들이 많았다.

그러면 정 많은 이웃들은 또다시 조언을 해 준다. 사는 게 다 그런 것이라고. 다 그런 것이니 혼자 유난스레 힘 빼지 말라고. 심지어는 그렇게 못마땅하면 다시 나가라고. 과연 '다' 그럴까? 못마땅하면 떠나면 그만일까? 사람들 말처럼 사는 게 다 그렇다면, 떠나 봐야 그곳도 이곳과 별반 다르지 않을 터인데 떠나라는 건 또 무슨 모순인가?

원정출산 가고, 어린아이 혀 수술까지 해서 원어민처럼 영어를 발음할 수 있게 만든다는 기함할 소식, 사교육비 세계 최고를 자랑한다는 이 현실만 보아도 세상 사람들이 모두 우리처럼 살지 않는다는 건 자명하다. 그러니까 우리 자신과 다르게 사는 사람들이 많다는 걸 몰라서 하는 얘기는 아니라는 것이다. 그럼, 대체 사는 게 다 그렇다는 말에는 무슨 뜻이 담겼을까?

알기는 아는데 우리 사회의 여러 가지 문제들에 직접 부딪쳐 바꾸고 변화시켜 나가기에는 먹고살기 바빠서 못 하겠고, 그렇다고 이런 문제들이 내 자식에게까지 지속되는 건 싫고, 싫은데 문제점을 해결하지는 못하겠고, 그러니까 결국은 차라리 방법이 어찌되었든 좀 더 나은 사회에 내 아이들만이라도 보내 놓겠다는, 참 눈물겨운 자식 사랑이다. 부끄럽지만 이게 지금 일부 한국 엄마들의 모습이다. 한국 엄마의 한 사람으로서 나는 내 얼굴에 침 뱉기를 하고 있는 꼴이다. 그렇다 해도 엄마들에게 작정하고 딴지를 좀 걸어야겠다.

선진국 클럽인 OECD에 가입한 G20 국가인 대한민국. 물질적으로 풍요로운 세상에서 강강술래 할 수 있을 만큼 많은 자녀를 힘 닿는 데까지 낳아서 다복하게 살아 보고프지만 현실은 녹록지가 않다. 아이를 키운다는 것 자체가 힘들고, 그 아이들을 경쟁에서 이겨 내게 할 엄두가 나지 않는다. 남북한 대치 상황이라는 이유로 남녘의 대한민국에서 사회주의는 반국가주의와 동의어가 되었다. 그 때문에 유럽의 일상적 복지 체제는 사회주의적 복지 체제로 치부되어 우리 사회에서는 절대로 용납될 수 없을 듯한 게 현실이다.

덕분에 이전에는 엄마가 전담했던 가족 내 돌봄 노동을 이제는 또 다른 여성, 즉 할머니나 제3세계 노동자가 떠맡게 되어, 육아는 더욱 사적 영역에 의존하게 되었다. 사적 돌봄이란 점에서 달라진 게 없다. 엄연히 현실이 이러함에도 여성의 돌봄 노동을 '사회화'함으로써 여성이 다른 사회활동을 할 수 있게 되었다고 말하는 학자들도 있다.

나는 임신 5개월째까지 케냐 나이로비에서 지냈다. 파상풍 주사도 맞고 말라리아 약도 다 먹었는데 그러고 나서야 임신 사실을 알았다. 수단에 가져갈 물건을 챙기러 나이로비에 들르셨던 고 이태석 신부님께 어쩌면 좋겠느냐고 여쭈었더니 건강한 아이를 낳을 테니 아무 염려 말라고 하셨다. 그 말씀에 내가 염려했던 게 무엇이었을까 한참을 부끄러워했다. 그래서 이후로는 그 흔한 초음파 검사 한 번 받지 않았다.

물론 그럴 수 있었던 것은 영국에서 아이를 낳았기 때문이기도 하다. 영국에서는 임신을 하면 일단 동네 보건소의 주치의를 찾아간다. 특별히 병이 있어서 치료 받으러 병원을 찾기도 하지만, 몸 상태를 주치의와 의논하고자 보건소를 찾기도 한다. 임신 사실을 알리면 보건소는 바로 동네 산파에게 연락을 한다.

산파는 임신 기간 중은 물론이고 출산 후까지 산모와 아기를 위해 여러 가지를 돕는 사람이다. 꾸준히 산모와 연락하고 집에 찾아와서 산모와 태아를 위해 좋은 음식이나 운동법 등 갖가지 조언을 해 준다. 임신 후기가 되면 거의 날마다 찾아온다. 이 산파들은 전문교육을 받았을 뿐만 아니라 그 동네 대부분의 아이들이 태어나는 순간을 함께한다. 오래된 산파는 바로 그 산모를 받아낸 산파일 수도 있을 만큼 경험이 많은 전문가다.

보건소는 산모와 아이 아빠가 될 사람이 함께 임신과 출산을 준비할 수 있도록 교육 프로그램도 운영한다. 병원에 가서 각종 검사를 받는 일은 없다. 출산이 다가오면 동네 병동에 산파, 산모, 예비 아빠가 함께 가서 침대에 누워도 보고, 기구들을 만져도 보고, 또 수중분만을 원하는 산모는 어디서 어떻게 이루어지는지 미리 살펴볼 수 있게 해 출산 당일의 두려움을 줄여 준다.

산모가 집에서 출산을 원하면 그렇게 하도록 산파들은 적극 돕는다. 진통이 시작되면 초산이어도 여러 방법을 동원해 집에서 통증을 참아낸다. 그 이유는 아무리 병원에서 잘해 준다고 하더라도 집이 산모에게는 가장 편안한 공간이라는 산파의 권유 덕분이다. 진통 간격이 2분 가까이 되면 병원에 연락하고 구급차에 실려 이미 답사했던 방에 가서 산파와 산모가 함께 아이의 탄생을 준비한다.

자가용이 없던 나는 구급차를 부르면 된다는 정보도 소중했다. 누워만 있으면 더 힘들다며, 그동안 욕조에 몸을 담가도 되고, 걸어 다녀도 되며, 산모가 원하는 어떠한 자세도 할 수 있도록 알려 준다. 진통이 계속되는 동안 국소마취가 필요하다든가 또는 아이가 거꾸로 나온다든가 하는, 즉 의사의 조언이 필요할 때면 의사가 검진해 함께 해결한다. 아기는 태어나자마자 바로 엄마에게 안기며 탯줄은 아빠가 자른다.

아기와 엄마는 줄곧 함께하고 두 사람이 집으로 가고자 할 때까지 며칠이고 병원에서 산파의 도움을 받을 수 있다. 나는 아이를 굶기더라도 배내똥을 다 누이고, 초유를 먹은 아이가 황금빛 똥을 누는 것을 꼭 보리라 고집을 부렸다. 하지만 하루 종일 빈 젖만 빨며 울어 대는 아이를 안고 있자니, 저절로 산파에게 아이가 굶어 죽는 건 아닌가 하고 묻게 되었다. 산파는 웃으며, 빈 젖이 아니라 눈에 보이지 않는 것이 나오고 있으니 걱정 말고 물리고 있으라고 했다. 그러곤 잠깐 눈이라도 붙이라고 하고는 미지근한 물수건으로 아이를 닦아 줘 보겠다고 했다. 만 이틀 만에 아이는 초유를 맛보았고 황금빛보다 몇 배는 더 고운 똥으로 기저귀를 채웠다.

집에 돌아온 뒤에도 산파는 날마다 우리 집에 와서 아이의 상태와 내 건강을 살피고, 수유 방법 등을 친절히 안내했다. 출산하고 한 달까지, 원한다면 더 오랫동안 산파들이 산모와 아이의 건강을 책임진다. 산모가 원할 때까지 산파가 방문하고, 그 뒤에는 산파 노릇은 물론이고 임신과 출산 외에 성장기까지 아이의 건강을 지켜봐 줄 수 있는 건강도우미Health Visitor가 정기적으로 방문한다.

한마디 덧붙이자면 이 모든 것이 공짜다. 물론 소득의 절반을 세금으로 내고 그것으로 혜택이 주어지는 것이니, 말 그대로 공짜는 아니지만. 어찌되었든 이 상황을 경험해 보고 나면, 아이를 또 낳고 싶다는 말이 저절로 나온다.

맞다, 남의 나라 이야기다. 너무도 부럽지만 한국에서는 경제적으로 넉넉한 사람들에게나 있음직하지 일반인들에게는 꿈같은 일이다. 혹자는 앞에서 언급했듯이 이것이 재생산 노동의 사회화를 가능하게 한 정책 덕분이라고 한다. 즉 사적으로 이루어졌던 재생산 노동을 산파와 같은 일자리를 창출해, 공적 서비스 부문의 고용을 확대시켰기에 가능했다고 한다.

생각해 보면 틀린 말은 아니다. 산파가 된다는 것은 돌봐야 하는 산모에 대해 책임감을 가진다는 것이고, 의사가 필요한 때를 파악할 수 있어야 하며, 임산부의 보호자 구실까지 한다. 그들은 소위 말하는 의학적 출산에 반대하기 때문에 좀 더 자연스러운 방법의 출산으로 엄마와 아기가 만족할 수 있도록 한다. 이는 바로 우리네 어른들이 해 오던 일이다. 그 일을 전문 교육을 받은 사람들이 하도록 한 정책, 또 그것을 모든 계층의 사람들이 거주 지역이나 사회경제적 지위에 상관없이 누릴 수 있는 혜택인 의료 복지 정책을 수립한 결과이니, 정책 덕분이라고 말할 수도 있겠다.

그렇다면 우리도 그런 정책을 만들어야겠으니 또다시 형식을 급히 가져와 보자. 우선 지역보건소에 주치의와 산파들을 배치하고 산모들에게 이용하게 한다? 산파들이 각 가정을 방문해 친절히 상담하는 모습을 보건복지부에서 공익광고로 내보낸다? 산모들이 너무도 행복해하며 우리도 드디어 이런 혜택을 받는구나 한다? 산부인과와 산후 조리원이 난무하고 의료민영화를 서두르고 있는 현실에서 어떤 왜곡이 나타날까 염려하는 것은, 단지 노파심 때문일까?

앞서 우리의 농법인 정농을 언급했다. 정농회 강대인 선생은 유기농을 위해 볍씨를 준비하는 과정을 이렇게 설명한다.

"수확하기 열흘 전 아직 젊은 청춘에 속한 벼 중에 잘된 것을 낫으로 정성껏 베어서 거꾸로 매달아 볏대에 남아 있는 성분이 볍씨로 모이게 한다. 볍씨를 훑을 때는 빗으로 해서 상처가 나지 않게 한다. 콤바인에 강타당하면 충격을 받는데, 사람도 어릴 때 심한 충격을 받으면 평생 고생하는 것처럼 벼도 약해져 병에 걸리기 쉽다.

다음은 소금물에 담가 가라앉는 것만 골라 물에 헹군 뒤 소한에서 대한까지 찬물에 담가 놓는다. 흐르는 계곡물이 더 좋고 얼어도 괜찮다. 가장 추울 때인데 이때의 기후가 다음 해 일 년 기후를 좌우한다. 말하자면 한번 겪게 해서 면역을 기르게 한다."

이 설명을 듣다 보면 요즘 한국에서 출생하는 신생아들이 떠오른다. 사주 좋은 날짜를 받아서 그날 수술 일정을 맞춰서 엄마의 배를 째고 나온 아기는 나오자마자 분유통에 달린 가짜 젖꼭지를 문다. 아기는 조금만 아파도 항생제 남용은 기본이고, 각종 주사와 약에 의존하며 자란다. 그 아이들이 우리 정농 볍씨처럼 준비되고 클 수 있게 해야 하지 않을까 싶다.

사람들은 나에게 말한다. 아이가 영국에서 태어났으니 좋겠다고. 영국 국적을 가졌을 테니 좋겠다고. 그런데 우리 영토에서 태어났으니 우리 국민이다 하는 나라(속지주의)가 있고, 우리 국민이 낳은 아이가 우리 국민이다(속인주의) 하는 나라도 있다. 미국은 전자 쪽이지만 영국은 후자다. 그러므로 우리 아이의 국적은 대한민국이다. 그랬더니 이제는 딸아이 영어 잘하겠다며 부러워했다. 젖 물려 논문 쓰며 키운 아이가 만 세 살 되던 해에, 나는 공부가 끝나 한국에 들어왔다. 만 세 살은 영어가 아니라 아무 말도 제대로 못한다. 세 살 아이가 영어를 잘한다고, 아니 열세 살 아이가 영어를 잘한다고 치더라도 그게 왜 좋을까?

영어로 의사소통이 필요한 상황에서는, 영어라는 도구를 얼마나 잘 쓰느냐보다 의사소통할 '내용'을 얼마나 갖고 있느냐가 핵심이다. 상대방의 내용이 훌륭하면 통역인을 써서라도 대화하고 싶어 한다. 우리네 엄마들은 아이들을 모두 통역가로 키우려는 게 아닐 텐데 말이다. 우리 아이들을 정농 볍씨처럼 보살피는 일은 불가능한 일일까.

사회적 경제, 생협 – 제발, 없는 것만 수입하자!

내가 에코토피아와 생태 마을에 대한 박사논문을 쓰면서 제일 신났을 때가 바로 우리식 생명 사상을 소개하고 비교 분석할 때였다. 지도교수보다 내가 더 잘 아는 부분이었기에 더 신났을 수도 있겠지만, 그보다 우리 스스로 우리 형편에 맞는 사상과 실천을 우리 나름대로 해 왔다는 것에 대한 자부심 덕분이었다. 그들에게 배우기만 하지 않아도 되고, 우리 것을 나눌 수도 있기에 뿌듯했다.

그렇게 한국에 들어왔는데, 학교에서 내게 요청하는 원고나 강의 또는 단체에서 요구하는 워크숍 프로그램은 모두 외국에서는 어떻게 하고 있는지를 알려 달라는 것이었다. 요청자들이 우리 것을 아주 잘 알고 있기 때문에 그랬다면 덜 서운했지 싶다. 그저 밖에서 들어온 것이 더 좋아 보이고, 또 사람들에게 더 먹히기 때문에 그렇단다. 실로 섭섭했다. 오죽하면 한국의 지역 운동, 생태·생명 사상을 어쭙잖은 영어 실력으로 낑낑거리며 글로 쓰고 말로 발표하며 다니는 이유가, 그리하여 저쪽에서 유행하고 한국에 다시 들여오면, '오래된 신조어'로 반겨 주실까 하여서이니.

출산에 관해 부러운 영국 사례를 언급하긴 했지만, 영국이 부럽지 않은 사례도 있다. 실상을 따지고 보면 영국은 주식인 빵도 자기 손으로 만들지 않고 슈퍼에서 사 먹는 나라다. 우리는 적어도 쌀을 안쳐 밥은 해 먹는다. 그 나라는 쓰레기 분리수거를 강요하는 대신 다량의 쓰레기를 중국이나 아프리카에 수출한다.

배울 건 배우고 안 배워도 되는 건 안 배워야 한다. 우리가 더 잘하는 건 우리 식으로 해결해도 된다. 유럽이나 미국의 사회적 기업, 이탈리아의 로컬 푸드, 영국의 공정무역, 일본의 워커스 콜렉티브 Workers' Collective(노동자생산협동조합, '이곳에서 일하는 사람이 자본도 경영권도 소유한다'는 가치에 기반을 두고 있다.) 등이 그들의 역사적 배경과 특수한 상황에 맞게 사회를 변화시켜 가듯 우리도 우리만의 상황을 다각도로 분석해서 알맞은 방법을 찾으면 된다.

로컬 푸드 운동이 시작된 이탈리아의 활동가들이 한국을 방문해서 놀란다. 그들이 본 우리 동네에는 로컬 푸드 운동으로 새로 만들어진 텃밭이 아니라, 평범한 동네 할머니들이 아무도 거들떠보지 않는 구석구석의 자투리땅을 방치하지 않고 거기에다 상추든 고추든 뭐든 심어 놓은 것을 봤기 때문이다. 영국이 공정무역을 시작한 것은 그들의 식민지 착취가 도를 넘었던 데 대한 반성에서 비롯되었다. 생협 활동을 하는 주부들이 각종 활동 모임을 하는 일본의 워커스 콜렉티브 또한 우리의 두레와 큰 차이가 없다.

앞서 살펴본 출산과 보육에 관해서도 마찬가지다. 한국의 많은 시민단체와 학계가 저출산 문제의 대응 방안을 제시했고, 또 시민들의 힘으로 의료 생협도 생겨나고 있다. 대안 학교도 많고, 공동육아협동조합도 있고, 생태 유아공동체도 있다. 개개인들도 한국 사회가 바뀌면 좋겠다, 복지 혜택이 잘되어 있는 나라에서 살고 싶다고 생각한다. 그런데도 당장 먹고사는 일이 더 시급하니 어쩔 수 없다고 한다. 내가 한 푼이라도 더 벌어야 좀 더 나은 조건에서 내 아이를 낳고 기를 수 있다고 생각한다. 그러면서 함께 벌어서 아이를 함께 낳고 함께 기르는 선진국 사람들을 부러워만 한다. 우리 안에서 우리에게 적합한 삶의 양식을 고민하는 것은 생략하고 살아가는 것이다.

서구의 것을 수입하려면 제발 내용도 의식도 함께 들여오자고, 개개인이 연대하고 참여하는 그것도 배워 오자고 부탁한다. 훌륭한 제도보다 연대하는 시민의식이 먼저다. 물질보다 사람과 생명이 먼저다. 당연한 말이 말로 그치지 않고 생활이 되어야 한다. 그렇지 않고서는 늘 남의 나라 얘기가 된다.

최근 반가운 소식을 들었다. 다양한 협동조합 관련 책들이 출간되고, 협동조합 관련 초청 강좌가 성황리에 개최되는가 하면, 시민단체를 중심으로 다양한 공부 모임도 만들어지고 있단다. 단 1%만을 위해 무한 경쟁에 떠밀려 낭떠러지를 향해 돌진하는 자유시장

경제체제에 브레이크를 걸기 위해서 잊어버린 인간의 본성인 협동, 협력을 되살려내려는 움직임. 지역에서 스스로 일자리를 창출하고 지속가능한 경제활동을 해, 자본주의 경제체제의 대안이 되겠다는 협동조합이 이처럼 환영받는 것은 참으로 반가운 일이다. 그럼에도 나는 이 반가운 전환에 감히(!) 쓴소리를 좀 하고 싶다. 이는 패러다임 전환이나 협동의 중요성, 지속가능한 사회 등에 대한 딴지걸기가 절대 아니다. 내 개인적인 경험에 빗대어 말해 보려는 것이다.

고향의 부모님을 뵈러 갔더니 파프리카며 브로콜리가 몸에 좋다고, 낯선 소득작물들을 매끼 챙겨 드시고 있었다. 또 두부며 된장을 손수 만들어 훌륭한 콩 단백질을 충분히 드시고 있는데도, 굳이 두유가 몸에 좋다며 대형 마트에 가서 몇 팩씩 사 오셨다. 결국 나는 부모님께 몸에 좋다는 것들을 더 많이 해 드리는 착한 딸 노릇은커녕 답답하다며 핀잔에 푸념만 늘어놓는 까칠한 딸이 되고 말았다.

파프리카, 브로콜리, 두유는 훌륭한 먹을거리들이다. 하지만 당신의 딸이, 며느리가 글로, 입으로 좋다고 떠들어대는 로컬 푸드, 제철 음식, 거기다 손맛 담긴 음식을 날마다 드시면서도 그 가치를 모르신다는 게 안타까웠다. 협동조합에 대한 내 생각도 이와 같은 심정이다. 낯선 비판이 아니라, 더 제대로 된 발걸음을 내딛길 바라는 마음에서 하는 말이니 오해 없이 행간을 살펴 주길 바란다.

서구에서 발간되는 지역 살림 관련 소책자들, 예를 들어, 슈마허협회가 1999년부터 출간하고 있는 『슈마허 브리핑』Schumacher

Briefings 같은 시리즈물에서도 지속가능한 교육, 생태 의학, 지역살림화폐, 생태 마을, 지속가능한 도시, 지역 공동체 만들기 등 각 분야의 전문가들, 즉 학자이자 동시에 활동가이며 실천가인 전문가들이 다양한 형태의 대안적 사회경제 모델을 제시하고 실천 사례를 들어 방향을 설명한다.

이러한 책자들이 모두 우리말로 번역되는 기회를 잡지는 못했지만, 다양한 분야의 전문가들이 저마다 자기 자리에서 성공 또는 실패한 경험을 짧지만 선명하게 서술하고 있기 때문에 매우 유용한 자료들이다. 유럽생태마을 총회에 참석해 보면 자신들이 일구어 온 지역마을 사업 등을 자랑하기에만 급급하지 않는다. 그들은 진지하게 문제점을 토론하고 함께 해결책을 모색하는 데 집중한다.

가톨릭 신부이면서 철학을 공부하고 사회적 기업가, 협동조합 활동가로 활약하고 있는 그레그 멕레오드(1935~)는 『지역을 살리는 협동조합 만들기 7단계』라는 책에서 '작은 모임'에서 출발하고, 지역에 이미 현존하는 조직이나 사업체와 '협력' 맺을 것을 강조한다. 이는 대부분의 지역살림가들이 공동으로 강조하는 바이기도 하다. 당연한 주장으로 들리지만 우리의 현실을 고려하면 전혀 다른 출발점에 서 있음을 알 수 있다. 더욱 중요한 부분은 이들이 사업체의 형태를 협동조합에만 가두지 않는다는 점이다.

물론 세계적으로 협동조합이 70여 만 개가 넘고, 10억 명의 조합원이 가입하고 있는 것이 사실이다. 이러한 서구의 협동조합은 매우 다양한 영역에서 활동하고 매출도 높다. 그 유명한 에스파냐의 몬드라곤 협동조합은 자산 약 54조 원에 약 8만 명의 노동자가 일한다.

그러나 모든 협동조합이 성공적이지는 않다. 몬드라곤도 해외 현지 기업의 노동자들은 조합원이 아니다. 조직이 대형화되면서 주식회사로 전환되는 협동조합도 많다. 이제 막 시작하려는 우리의 협동조합 확산에 찬물 끼얹는 소리를 조심스레 꺼내는 이유는 이러한 한계와 실패를 서구에서는 일찌감치 경험했다는 사실도 알아야 하기 때문이다.

주식회사 또는 비영리 사업체로만 활동할 수 있었던 우리에게는 협동조합이라는 매우 유용한 도구가 합법적으로 마련되어 단체 행동의 폭이 확장할 것은 분명하다. 그러나 협동조합이라는 법인 형태는 사업체 형성의 도구일 뿐이다. 멕레오드도 "가장 건전한 태도는 법률적 구조를 목표 그 자체로 간주하기보다 하나의 수단으로 간주"하라고 제언한다. 그리고 지역살림가들이 가장 중요하게 생각해야 할 점은 지역과의 연계성이라는 점을 강조한다. 이는 바로 지금 시작하는 우리의 협동조합 시도들이 놓치고 있는 점이다. 저자는 협동조합만이 대안이라고 주장하지 않는다. 협동조합의 설립 자체보다는 '지역'과 '지역 살림'을 살리는 것이 핵심이라고 말하고 있다. 이를 위해서 협동조합이 하나의 도구로 활용될 수 있다는 것이다.

농민과 중소기업, 노동자를 지원하기 위한 협동조합은 중앙 집중이 아닌 분권화를, 지역을 기반으로 할 필요가 있다. 멕레오드는 지역의 사회적 기업을 양성해 지역 자급을 추구해 왔다. 지역의 특성과 전통에 맞는 사업을, 지역에 현존하는 조직과 함께 시작하려 할 때 그것은 협동조합이 아니어도 상관없다.

협동조합은 요술방망이가 아니다. 협동조합이 모두 긍정적인 것만도 아니다. 생태 마을, 사회적 기업, 협동조합 등 서구에서 시도된 형태들을 시험 삼아 들여오기에 급급하고, 우리가 살고 있는 곳과의 연계성에 대한 고민보다 일단 시도부터 해 보는 식은 그만해야 한다.

우리가 서구에서 배워 올 것은 그들이 그토록 다양한 대안들을 왜 제시했으며, 무엇을 이룩하기 위해 지난한 실천을 거듭해 왔느냐는 점이다. 그들은 산업화 초기에 발생한 시장의 불완전성을 극복하고자 생산자 또는 소비자 조합원의 편익을 증대하는 협동조합을 시도했다. 이후 복지제도가 확산되어도 미처 닿지 못하는 취약 계층의 일자리를 창출하기 위해 외부 자금을 지원받아 협동조합을 꾸리기도 했다. 이제는 전통적 협동조합의 형태를 넘어서 다양한 이해관계자들이 공동으로 참여해 지역개발을 위해 사회적 기업 형태의 협동조합을 진행하기도 한다. 이 모든 시도들이 역사적 발달 단계와 함께 그 시기에 적절한 사업을 진행하는 과정에서 응용되어 온 것이다. 남의 것을 일단 따라가 보는 것보다 먼저 해야 하는 것은 나를 파악하는 것이다.

최근 서구에서 사회적 경제, 협동조합 등에 다시 관심을 갖기 시

작한 이유는 복지국가의 위기에 따른 복지 체제 혁신의 계기를 마
련하기 위해서다. 그들과 비교해 볼 때, 우리의 사회복지 시스템은
너무나 불안정하고 복지 관련 재정의 비율도 몹시 낮다. 즉 국가가
그 기본 의무인 사회안전망을 제공하지 못하고 있는 상황에서 개인
또는 시민에게 사회적 경제를 확산시키려는 것은 매우 높은 위험성
을 내포한다. 시장과 국가가 자신의 기본적 의무를 수행하지 않고
그것을 '사회적 경제'라는 대안적 실험에 떠넘기는 꼴이 되기 때문
이다. 본말과 선후가 뒤바뀌어서는 안 된다. 국가가 당연히 책임져야
할 복지를 지정된 사회적 기업이 위탁해 수행하고, 다음 순서로 그
에 대한 정부 지원마저 흐려지고, 협동조합이라는 법인체로 전환해
야 하는 것이 지금까지의 우리 성적표다.

있는 집 자제들은 위장전입까지 해 가며 기숙사 방을 배정받으려
하고, 없는 집 자제들도 스무 명이 공동 샤워실과 화장실을 쓰는 코
딱지만 한 고시원 방에 월세 30만 원이나 내야 하는 상황에서, 먹고
사는 문제를 스스로 해결하겠다는 청년주거협동조합도 생겼다. 고
무적인 일이다. 햇빛발전소협동조합에 출자금을 제공했듯이 인세가
들어오면 이들에게도 곧 무이자 보증금을 제공할 생각이다. 문제는
이들이 '서울'로 몰려들어 자신들의 의지와 무관한 학벌을, 스펙을
이렇게라도 쌓을 수밖에 없는 처지와 그에 대한 체제의 무관심이다.
지역에서 일자리를 만들어 함께 지속가능한 경제활동을 할 수 있
는 여건 마련을 미룬 채 사회적 기업, 협동조합이 땜질만 하도록 내

버려 둔다.

우리는 지역 자립을 유지할 수 있는 형태, 지역의 역사와 전통을 유지하면서 지역을 발전시키고자 노력하는 그 근본 의지를 배워야 한다. 우리나라에서 협동조합이 활발히 활동하려면 지자체가 성숙해지고 지역 중소기업이 뿌리 내리는 일이 먼저 이루어져야 한다. 협동조합의 가치와 원칙을 강조하기 위해서는 지역자치가 가능해야 하며, 지역에서 자영업자들이 생계를 꾸릴 수 있는 형편이 되어야 한다. 그래야 창의적인 혁신을 꿈꾸는 협동조합의 왕성한 활동도 가능하다. 사람이 살기 위해 지역이 살아야 하고, 지역에 일자리가 있어야 사람이 산다. 협동조합을 위한 지역이 아니라, 지역을 살리는 협동조합을 해야 할 것이다.

서울에 있는 대형 생협 매장을 조사하고 온 학생들이 "비싼 '다이소'더라."는 말을 했다. 정확한 지적이다. 그런 따끔한 지적이 나와야 하고, 그것을 경청하고 수용하면서 부단히 전진하는 것이다. 비판을 불편해하는 건 누구라도 마찬가지다. 그래도 자기 문제를 자기 사람이 들추어내는 것이 남한테서 듣는 것보다 백배 편하다.

고향의 부모님 밥상이 파프리카와 브로콜리가 없어도 충분히 건강하듯이, 우리가 본래 가진 것을 먼저 잘 살려내고, 그런 다음 남의 것도 우리 사정에 맞게 고쳐서 접목시켜 보려는 느긋한 자세를 가져 보자. 우리 부모 세대는 먹고살기 급급해서 못했던 일이라면, 우리부터라도 시작하자.

'불편한 진실'과 '어리석은 자들의 세기'

환경사회학 수업을 시작하면서 조율을 통해 조모임을 결정하고 나면 그 어색한 순간을 모면하고자, 미국 부통령을 지낸 앨 고어 (1948~)의 '불편한 진실'An Inconvenient Truth이라는 다큐멘터리 영화를 함께 감상한다. 이미 10여 년 전에 만든 것이고 앨 고어에게 노벨 평화상까지 안겨 준 다큐라서, 처음 본 학생들보다 최소 한 번은 본 학생들이 더 많다.

앨 고어가 대통령 선거에서 패배한 후 환경문제에 대한 강연에 적극적이었고, 이때 활용한 슬라이드를 바탕으로 이 다큐 영화를 만들었다. 이 영화는 환경문제를 특별히 잘 소개했다기보다는, 막대한 자금과 미 부통령 정도의 지위에서 가능한 인맥을 동원하였기에 볼 수 있는 자료가 많다. 또한 환경사회학적 시각에서 볼 때, 화면 너머의 다양한 고민거리를 던져 준다는 이유로 함께 본다. 그러고는 퀴즈라는 명목으로 아래 삽화 속의 불편한 진실을 찾아보게 한다.

학생들의 답안 중 가장 흔한 내용이 환경문제에 대해 문외한이었던 자기 자신에 대한 반성이고, 그 다음이 환경정의다. 물론 학기 초여서 환경정의라는 용어를 강의에서 쓰지는 않지만, 그들은 북반구와 남반구 간의 세대 내 환경 불평등을 정확히 지적했다. 앨 고어라는 정치가에 대한 비판도 잊지 않는다. 환경문제를 널리 알리기 위해 다큐를 소개하고 있는 것인지 자신의 정치적 명분을 위해 환경

"이런 젠장, 넌 '지구온난화'도 모르냐?"

문제를 언급하는 것인지 분간이 어렵다는 것이다.

또한 기근에 처한 이들에게 환경문제를 들먹이는 것은 월권이라는 주장도 나온다. 그리고 몇몇 친구들은 이 불편한 진실들에 맞서스스로 뭘 어떻게 해야 할지 벌써부터 물어왔다. 120명 학생들의답안지에 점수 대신 몇 줄 안 되는 내 생각을 남긴다. 모두 다 기억할 수는 없지만 대체로 이런 내용을 남겼다.

다큐 내용 꼼꼼히 정리해 주어 고맙습니다. 그렇지요. 위기에 처해 있음에도 여전히 개발을 강조하고, 권력자를 위해 발전에 반하는 주장은 은폐되고, 그러한 불편한 진실을 인지한 우리는 그 진실을 외면하고, 그렇게 살아가고 있지요. 이게 아닌데 하면서. 어찌해야 할까요. 개선할 방법은 없을까요. 그대의 혜안 나눠 주길 고대해 봅니다. 함께 지혜를 나눠 봅시다. ♡

정치인의 홍보 영상(?) 같은 면이 분명 있습니다. 그 또한 불편한 진실입니다. 환경 영화를 제작한 의도가 본인의 정치적 입지 구축을 위해 이용되고 있는 '불편한 진실'에 대한 불편함이 다분함에도, 그 덕분에 여론화된 점도 있습니다. 그나마 환경문제로 대중을 현혹하는 정치인조차 귀한 환경에서 그의 역할 또한 필요했음은 인정합시다. 이쁘게 봐줍시다. 자, 이제는 우리가 움직일 때입니다. 더 주저하지는 맙시다. ♡

환경문제의 심각성을 잘 알고 있는 북반구는, 잘살아 보겠다고 발버둥치는 남반구의 소소한 개발을 무력화시키고 있네요. 그 북반구에 살고 있는 우리는 언제나 경제성장이 급선무여서 주위를 둘러볼 여유 없이 달려가고 있구요. 그대의 지적처럼 강대국이 약소국에게 책임을 미루고 있다는 사실을 모두 알면서, 그 사실조차 외면하고 있지요. 우리가 무엇을 할 수 있을지, 해야 할지 함께 더 고민합시다. ♡

매번 정책 입안자들과 정당들을 손가락질하고 문제라며 앙앙거리다가도 그들이 누구의 대표인지를 돌아보면 참으로 한심한 노릇이지요.

알고, 느끼고, 인식하지만 행동으로, 실천으로 이어지지 않는 것은 무엇 때문일까요. 제대로 알고, 느끼고, 인식한 것이 아닐 수도 있겠다는 생각도 듭니다. 그대의 한몫! 감히 부탁해 봅니다. ♡

맞습니다. 먹고사는 문제 해결이 먼저 맞습니다. 내가 죽을 판인데 환경이 무슨 소용입니까. 헌데 안타까운 점은 먹고사는 생존의 문제가 경제 논리로 해결될 기미가 보이지 않고, 생존의 문제가 오히려 환경문제와 더 깊은 관련이 있으니 어쩌면 좋을까요. 부디 함께하는 한 학기가 그대의 사고의 폭을 확장시키는 데, 그대가 더 멀리, 더 넓게 세상을 보는 데 작은 마중물이 되길 고대해 봅니다. ♡

지금껏, 줄곧 교육받은 환경문제인데, 왜 우리는 아직도 무엇을 어떻게 해야 할지 모르는 것일까요. 점점 끓고 있는 물속에 앉아 있는 개구리와 달리 우리는 환경문제가 심각해지고 있음을 배우고 익혀 아는데 말이죠. 왜 소소한 실천부터 시작하지 않는 것일까요. 핵심을 잘 짚어 준 그대의 답안 덕분에 자꾸 되묻습니다. 더 이상 핑계 댈 시간이 없으니까요. 우리가 함께 지혜를 모아야 할 때는 지금이니까. ♡

네, 그대의 지적처럼 전문가의 지식 또한 곡해되는 현실에서, 우매한 우리는 불확실성으로 가득한 위험 사회에서, 어디를 향해 무엇을 위해 돌진하는지 아무도 모를 하루하루를 버텨 냅니다. 이건 아니지 않

내가 똥? 내가 밥!

나요? 아니면 맞게 바꾸면 되지 않을까요? 함께 지혜를 모아 보면 방법이 생기지 않을까요? 그대에게 답을 갈구합니다. ♡

　권력자들이 덮으려는 진실을 사사건건 밝혀내려는 노력, 해서 지치고 힘든 것이 사회학자, 그대 사회학도의 일상이니, 그럼에도 함께 지혜를 모으면, 멀리 더 넓게 볼 수 있는 안목, 하여 생명을 보듬는 부드러운 혁명을 감히 꿈꿀 수 있지 않을까요. ♡

　마지막 강의 때, 학생들의 답지에 내가 그린 새싹 그림도 하나씩 그려서 전한다. 돌려받은 답지에 점수는 없고 내 낙서가 적혀 있어 적잖이 당황한 모양새다. 한참 조용하다. 나는 이 순간이 참 좋다. 내 마음과 그들의 침묵이 조율된다. 조금 뒤 한 친구가 짓궂게 우겼다. "이거 하트인데요?" 한바탕 웃음이 터졌고 덕분에 나도 덜 쑥스러울 수 있었다. "그럼 하트 닮은 새싹 합시다." 했다. 그 새싹 그림을 오랫동안 간직하겠다는 친구가 고마웠다.
　우리는 '어리석은 자들의 세기'The Age of Stupid를 함께 보고, 환경사회학 강의를 마친다. 학기 초에 '불편한 진실'을 난도질한 것과는 달리, '어리석은 자들의 세기'는 그냥 본다. 감사하게도 환경사회학에서 다룬 내용을 총정리하고 있기 때문이다. 제작된 과정도 '불편한 진실'과 상반된다. 환경 파괴를 인식한 개개인들이 패러다임 전환을 위해 각자의 재정적, 문화적, 정치적 네트워크를 총동원해 제작한 덕분에 새로운 문화적 방향성을 개척했다는 평가를 받는 작품이다.

예를 들면 다큐 제작자들이 다수 지인들의 소규모 투자로 영화 제작비를 마련했다. 2009년 9월 뉴욕에서 이 영화를 첫 개봉할 때는 진풍경이 벌어졌다.('Stupid Global Premiere'로 이른다.) 비행기 대신 배를 타거나, 전기차 또는 인력거, 심지어 자전거나 스케이트를 신고 도착한 유명인들이 '그린 카펫'을 밟았다. 영화관은 재생에너지 전기를 이용한 텐트 상영관이었다. 이런 노력들 덕분에 일반적인 영화 개봉 이벤트에 드는 탄소 배출량의 단 1%만 배출한 것으로 기네스북에 오르는 것 또한 놓치지 않았다. 배급도 관심 있는 개개인들의 네트워크를 활용해 63개국 700여 개 영화관에서 상영을 시작했다. 영화 내용은, 한 학기 동안 다룬 환경사회학 내용을 고스란히 담고 있다는 것만으로도 충분히 '스포일러'가 될 것이다.

한 가지만 굳이 더 붙이자면 '어리석은 자들의 세기'에서는 전쟁과 환경문제를 연계시킨다. 봄 학기가 좋은 점 중 하나가 나무 심기를 독려할 수 있다는 점과 학기를 마무리할 즈음에 있는 현충일 덕분에 전쟁이 주는 환경 피해에 대해서도 언급하기 좋은 때라는 것이다.

앞서 콩고 내전에서 살펴보았듯이 전쟁은 환경 재앙을 단기간에 가장 집중적으로 일으키는 인간의 행위이다. 전쟁은 필연적으로 살상과 파괴에 대한 명분을 정당화한다. 생명 경시가 합법화된다. 적으로 정한 집단에게만 그러한 것이 아니라 내 편과 나에게도 똑같이 적용된다. 그래서 강의 시간에는 광고인 이제석의 작품 'What goes around comes around'(뿌린 대로 거두리라)도 함께 나눈다. 통일의 필요성도 재차 강조하게 된다.

자, 이제 첫 강의 때의 조율처럼 마지막 강의의 조율, 즉 '튠 아웃' tune out을 해야 한다. 나는 나무 심기 행사며, 환경영화제 참석이며, 환경 관련 학술대회며 다양한 과외 활동을 독려했지만, 여전히 환경사회학의 내용을 다 담을 수는 없었다고 미안한 속내를 털어놓았다. 그런데도 학생들은 주도적으로 조를 짜고 주제를 선정해서 표면적으로나마 무임 승차자 없이, 또는 무임 승차자마저 보듬어 협업의 과정을 스스로 배워 가니 이 또한 나는 감사하다고 했다.

사회학 전공과목이기에 더 깊이 있는 학문적 탐구가 필요함에도 사례와 현장을 꼭 보고 오도록 독려한 것은 심장이 뛰는 이유를 알 수 있기 때문이었다. 환경사회학이 생태학인지 환경학인지 사회학인지 여전히 헷갈리는 것은, 아직 학문적 역사가 짧기 때문이기도 하고, 교수하는 사람의 공부가 부족해서이기도 하기 때문에 학생들의 역할이 더 중요하다고 떠넘기기도 한다.

첫 시간에 정원 120명을 넘어 온 수강생들을 잘라내기(?) 위해 내 강의를 듣고 나면 삶이 더욱 피곤해질 것이라고 엄포를 놓았다. 한 학기가 끝나고 더 불편해진 삶을 오히려 감사히 생각해 주는 이 젊디젊은 지성들에게 재차 강조한다. 더 알아야 한다고. 더 많이 알

이제석의 반전평화 캠페인 광고, 'What goes around comes around'(뿌린 대로 거두리라)

고 더 많이 나누어야 한다고. 하여 강자와 자신의 안위에 머무는 소심한 도구적 지식인君子不器이 아니라, 함께 누릴 수 있는 창조적 대안을 실천하는 지성인이 되어 주십사 부탁한다. 노파심에, 영국이란 땅에 떨어지자마자 찾아갔던 마르크스 묘, 그 묘비에 새겨진 구절까지 괜히 들먹이며 아쉬운 학기를 마친다. 박수를 뒤로한다.

"The philosophers have only interpreted the world in various ways: the point, however, is to change it."(학자들은 세상을 다양한 방식으로 해석만 해 왔다. 실로 중요한 것은 세상을 바꾸는 것이다.)

나 때문에 사회학을 전공으로 택했다는 큰집 조카가 있다. 하루
는 이 친구가 맥 빠진 목소리로 내게 물었다. "이모, 인간 사회는 과
연 진보하는 걸까요?" 아, 어찌 대답해야 할꼬. 이모로서? 선배로
서? 사회학자로서? 또는 환경사회학자로서? 사람으로서? 일단 이모
로서 답했다. "밥 먹으러 가자."

우주가 생성된 것이 130억 년 전이란다. 물론 이것도 우리가 측
정해 볼 수 있는 정도가 거기까지라는 것이지 정확히는 알 수 없다.
지구의 나이는 45억 6천 살 정도란다. 이도 마찬가지로 추정이다. 최
초 인류인 오스트랄로피테쿠스는 약 300만 년 전에, 독일 네안데르
탈에서 출현한 것으로 추정되는 인류는 20만 년 전에, 지금 우리 모
습과 가장 유사하다는 프랑스 크로마뇽인은 3~4만 년 전에 등장했
지 싶단다. 실로 거시적이다.

자본주의 형성이 고작 200여 년 전이고, 사회학의 생성도 19세기
초이다. 땅 천 평 속에는 수억만 마리의 무척추동물, 박테리아, 효모

세포가 있다. 이러한 땅이 만들어지는 과정은 매우 느리다. 비약일 수 있지만 우주가 생성된 130억 년 전부터 시작되었다고 볼 수도 있다. 자연은 미시적인 부분도 거시적이다.

1997년 발행된 『네이처』에 따르면 자연이 우리에게 베푸는 모든 일들, 예를 들어 흙을 만들고, 물을 정화하며, 공기와 기후를 조절하는 것 등에 우리가 비용을 지불해야 한다면 약 33조 달러가 든단다. 33조 달러를 우리 돈으로 환산하면 약 4경 원(1달러를 1200원으로 환전했을 때)이다. 적극적으로 개발 토목 사업을 추진해 환경문제를 지속적으로 일으키는 정부는 따라서 매우 비경제적이다. 경제는 대체로 5년을 주기로 보지만, 철학은 인생을 주기로, 생태 생명은 우주를 단위로 한다.

생명이 있는 모든 것들은 모두 다르다. (물론 생명이 없는 것들도 생명의 손으로 설계된 경우 모두 다르다.) 개나리가 올봄에 다시 피었다고 해서 작년의 그 개나리가 아니고, 장미가 비싸게 팔린다고 해서 개나리가 장미가 될 필요는 없다.

각종 매체에서 의미를 부여하는, 상품화가 가능하도록, 돈이 되도록 끊임없이 독려하는 것들에 혼란스러워하는, 의식 없는 생명체가 된다면, 만물의 영장이라고 진화의 최고 생명체라고 이르는 인간이기는커녕 그저 그렇게 피어 있는 듯한 들꽃 한 포기보다 의식 없는, 씨를 깨고 나와 싹을 틔우고 꽃을 피울 줄도 모르는, 그 씨 속이 다인 줄 알고 결국 스스로 썩고 마는 슬픈, 생명 이전의 존재일 뿐이다.

물론 선택은 개인의 재량에 따른 것이기 때문에 강제할 수도 없고 강제해서도 안 된다. 개개인이 생각하는 '생태'의 의미가 다를 수 있고, '환경 친화적'인 교통수단에 대한 생각도 다를 수 있으며, 이 '다름'을 존중하는 것 자체가 생태적인 삶의 방식이다.

대신 나 스스로 내가 옳다고 생각하는 것을 더 많이 일상에서 실천함으로써 그렇지 못한 동료가 의식할 수 있도록 자극은 줄 수 있다. 시간이 조금 더 걸리고 내가 조금 불편할 수도 있다. 나만 잘났다고 나만 잘한다고 나대지 말고, 누가 알아주길 바라지 말고, 나부터 잘하자 결심하면 그만이다. 20년 넘게 '나라도 해 보자' 그렇게 살았더니, 그런 많은 내가 모여 우리 모두 잘하자는 세상이 되었다.

예전에는 체계적 전략이 전무한, 잡다한 반세계화 운동이라더니, 이제는 패러다임을 전환할 수 있는 대안으로 봐 준다. 문제의 원인을 개개인의 실천으로 개개인에게 책임을 돌리려는 게 아니다. 내가 주체가 되어 내 삶도 바꾸고 또 체제도 바꾸자는 것이다. 소위 선진국이라 하는 과잉 개발 국가와 개발도상국가 안에서도 과잉 개발된 인구 집단들, 우리가 하자는 거다. 물론 한 사람이 모두 다 할 수는 없다. 하지만 가장 큰 문제라고 생각하는 것 한두 가지는 나 스스로 제대로, 꼭 해결하겠다는 결심을 해 보면 좋겠다.

그리고 부모님에게 말하자. "저를 사랑하신다면, 제가 무엇을 원하는지 알 수 있도록 도와주세요!"라고 떼를 쓰자. 그리고 우주를 단위로 의식하도록 부모들, 꼰대들, 당신들도 공부 좀 하라고 목소리 높이고, 공부 좀 시키자. 그럼에도 반드시 '스카이대' 또는 외국 대학에 보내려고 그러신다면?

옳다, 엘리트도 필요한 존재다. 헌데 이 엘리트들은 자신의 영욕과 안위를 위해 사는 것이 아니라 엘리트 교육을 받은 만큼 혜택을 입지 않은 이들을 위해 살아야 하는 사람들이다. 그래야만 한다고 한·중·일 엘리트 대학을 뛰어다니며 열심히 가르치고 있다. 그런 훌륭한 이타적 인간을 원한다면, 그렇다면 기어코 명문대학 엘리트 만들겠다고 안간힘 쓰시길. 그럼 골치 아픈 일들 그 엘리트들에게 전담시키고 그들의 혜택을 받으며 우리는 더 신나는 삶을 영위할 수 있을 테니 말이다.

이 책이 전하고자 하는 내용은 하나다. 생명! 생명은 다양하고, 다양하기 때문에 함께할 수 있다. 공평하기에 다양할 수 있고, 차이를 인정하기에 함께할 수 있다. 지속가능하다. 생명에 대한 존중이 결여된, 즉 사회적 형평성 없이 환경적 지속가능성을 달성한다는 것은 궁극적으로 불가능하다. 녹색으로 치장한다고 해답이 될 수는 없다. 환경문제를, 사회문제를 해결하기 위해서는, 다양해서 함께 지속가능한 생명, 그 생명이 가득한 사회를 추구해야 한다.

기차 안에서 한쪽 차창 밖만 보는 사람, 이쪽저쪽 창밖을 다 보는 사람, 신문을 읽는 사람, 모두 다른 것을 본다. 무지개가 있어도 보는 사람만 본다. 보지 못했다고 잘못된 것도 아니다. 각자 하고픈 것을 했으니. 물론 강제로 보지 못하게 하거나, 볼 기회를 제공하지 않거나, 무지개가 반드시 있다고 과장하는 것은 문제다. 모든 가능성이 있다고 인식하는 것이 중요하다.

스코틀랜드 북부에서 맞는 겨울은 낮이 겨우 서너 시간밖에 되지 않는다. 점심 먹고 돌아서면 저녁 먹을 때가 된 듯 금방 어두워진다. 반면 여름에는 밤이 매우 짧다. 자, 그곳에서 일 년을 모두 경험하지 않고 여름에만 있었던 사람과 겨울에만 있었던 사람이 서로 자기 말이 맞다고, 상대가 틀렸다고, 이해할 수 없다고 다툼이 났다. 실제 있었던 일이다.

우리가 일 년을 모두 경험할 수 없다면, 모든 사실을 모두 체험하여 인식할 수 없다면, 대신 지혜가 필요하다. 모든 가능성이 존재할 수 있다고 인식하는 것이 중요하다. 인식은 소통에서 시작된다. 자신과 대화하고, 이웃과 소통하고, 행정기관을 설득하는 소통은 모든 가능성을 이해하게 하고 지혜를 나누게 한다.

평화롭게 도착한 기차는 다음 기차가 들어올 수 있도록 자리를 내주어야 한다. 좋은 풍경을 보기 위해 한곳에 오래 머물러 있으면 다음 기차가 올 수 없다. 낙엽은 져야 한다. 바스락거리며 쌓인 낙엽은 봄이면 곧 싹을 틔울, 떠나온 자신의 생명을 위해 조용히 분해된다. 그렇게 사라진 것도 없고 또 새로운 것도 없지만 꾸준히 묵묵히 세대와 세대를 이어가는 것이 생명이다. 낙엽이 지지 않겠다고, 다시 초록으로 물들여 달라며 바둥거린다면, 새싹은 돋지 못하고 결국 나무가 통째로 죽어 버릴 것이다.

　연어가 알을 낳고 죽은 후, 연어의 몸에 있는 풍부한 질소와 인 같은 영양분이 강물에 녹아들어 강가의 나무들이 양분으로 활용한다. 이 나무들이 수질을 정화시켜 어린 연어가 살기 좋은 환경을 만든다. 공생관계다. 만물의 영장이라는 인류가 새싹에게서, 연어에게서 지혜를 배워도 된다. 괜찮다.

　사회학을 전공하는 앞날 창창한 조카의 질문에 뒤늦게 답했다. 인간 사회는 발전도 하고, 퇴보도 하고, 진보도 한다. 다 한다. 주입된 정보를 넘어 스스로 고민에 고민을 거듭하고, 체험하고, 현명한 이전 사람들이 나눈 지혜를 모두 모둔 결과의 답이라면 모두 맞는 답이다. 다만 그 근본에는 늘 다양한 생명에 대한 존중이 있어야 한다. 그러면 된다. 나름대로 고되게 버티는 수많은 생명들이, 웃으면서 그 세월을 지날 수 있도록 함께 존중해야 한다. 그러면 된다. 사람으로서 답했다.

국립중앙도서관 출판시도서목록(CIP)

내가 똥? 내가 밥! : 만남1. 환경사회학자 이소영 / 이소영 지음. -- 서울
: 작은길출판사, 2016
p. ; cm. -- (작은길 사람책)

ISBN 978-89-98066-32-1 04330 : \14000
ISBN 978-89-98066-31-4 (세트) 04080

환경 사회학[環境社會學]

331.4-KDC6
304.2-DDC23   CIP2016009492

내가 똥? 내가 밥!
만남1. 환경사회학자 이소영

2016년 5월 9일 초판 1쇄 펴냄

이소영 지음

펴낸이 최지영 ┃ 펴낸곳 작은길출판사 ┃ 출판등록 제25100-2014-000022호
주소 서울 노원구 덕릉로79길 23 103-1409 ┃ 전화 02-996-9430 ┃ 팩스 0303-3444-9430
전자우편 jhagungheel@naver.com ┃ 블로그 jhagungheel.blog.me
페이스북페이지 www.facebook.com/jhagungheelpress
교열 신정숙 ┃ 본문디자인 이수정 ┃ 표지디자인 박진범
인쇄 (주)재원프린팅 ┃ 제본 경문제책사 ┃ 종이 한솔피엔에스

ⓒ 2016 이소영

ISBN 978-89-98066-32-1 04330
ISBN 978-89-98066-31-4(세트)